懂比爱
更重要

知非——编著

YNK 云南科技出版社
·昆明·

图书在版编目（ＣＩＰ）数据

懂比爱更重要 / 知非编著 . -- 昆明 : 云南科技出
版社 , 2025. 2. -- ISBN 978-7-5587-6053-2

Ⅰ . G78

中国国家版本馆 CIP 数据核字第 2025LH9363 号

懂比爱更重要
DONG BI AI GENG ZHONGYAO

知非　编著

出 版 人：温　翔

责任编辑：叶佳林

特约编辑：刘慧滢

封面设计：韩海静

责任校对：孙玮贤

责任印制：蒋丽芬

书　　号：ISBN 978-7-5587-6053-2

印　　刷：三河市燕春印务有限公司

开　　本：710mm×1000mm　1/ 16

印　　张：11

字　　数：130千字

版　　次：2025年2月第1版

印　　次：2025年2月第1次印刷

定　　价：59.00元

出版发行：云南科技出版社

地　　址：昆明市环城西路609号

电　　话：0871-64192752

目　录
Contents

第一篇

爱，要用正确的方式

孩子最需要什么？是尊重！

一个人，从襁褓中需要呵护的小婴儿，到牙牙学语、蹒跚走路的儿童，从背起书包走进学校，到学到本领踏入社会，需要的是什么？很多人看到这个问题都会会心一笑，还能需要什么？需要家长的关心和爱护，需要衣食住行的保障，需要正确的教育方式。

这不过是一句空话，或者说是一句"漂亮话"。漂亮话谁都会说，但作为家长的你，是否认真地思考过，孩子最需要的是什么？

家长给予的关心，是否在最恰当的时候用最恰当的方式表现出来？

家长给予的爱护，是不是孩子最需要的方式？

家长给予的爱，是温暖的源泉，还是内心的负担？

关心也好，爱护也罢，都是给予者（即家长）的主观意识，是"我"认为他需要，所以"我"要给。但给予者是否考虑过作为被接受者（即孩子），他们需要的是这些吗？

小孩子的快乐很简单

　　每逢暑假，各大游乐景点人潮汹涌、热闹非凡，大多是家长带孩子出游，目的是放松心情，帮助孩子增广见闻。母亲带着孩子去北京环球度假区里游玩，这一路上，他们开心极了。孩子穿着非常漂亮的魔法袍，手里拿着魔法棒，在哈利·波特景区里特别开心地游玩。那一天，北京的气温接近40摄氏度，但儿子始终都没有脱下魔法袍的意思，妈妈站在一旁，拿着手机给孩子录像，绝口不说扫兴的话。

　　孩子很兴奋地说："妈妈，你知道四大学院都代表什么吗？我特别喜欢代表勇敢的狮院！"

　　妈妈顺口接道："我知道啊，妈妈上学的时候也看过《哈利·波特》，我也喜欢格兰芬多。"

　　"你怎么不多买一件魔法袍啊？那样咱们就可以一起变成魔法师了……"孩子显得有些遗憾。

　　妈妈耐心地解释道："妈妈觉得太热了，这次就先不穿了。"

　　孩子露出惊喜的表情，问："那下次我们一起穿魔法袍再来？"

　　妈妈想了想，笑着说："如果你很喜欢，没问题的。明年咱们就不安排在暑假了，十一假期再来，怎么样？"

　　孩子特别高兴，重重地点头："那明年咱们十一假期来，一起穿魔法袍，一起当魔法师！"

　　小时候，你肯定也有过和父母一起出门游玩的经历，是像这对母子一样，温馨愉悦吗？还是因为自己的想法不被父母懂得和尊重而产生过委屈呢？

　　网络上有这样一则帖子：网友小时候，特别想去北京动物园里看动物，她早就听同学说过了，动物园里有狮子、老虎，有国宝大熊猫，于是便跟妈妈说出了自己的心愿。妈妈承诺放暑假了就带她去。结果，在她的满怀期待里，妈妈却说要带她去植物园，理由是动物园没什么可去的，大热天的，动物园里的动物都不愿意动，还不如去植物园看看花花草草。她还想争取，妈妈却已经不耐烦了，她不敢惹妈妈生气，只好委屈地去了植物园。结果在植物园里，她一点都不开心，妈妈训斥她："钱都花了，你怎么还垮着脸，早知道就不带你出来了。"后来，她才听爸爸说，妈妈闻不了动物身上的味道，所以才退而求其次，带着女儿去植物园，原本还以为多拍些美美的照片，女儿玩开心了，自然也就没事了，没想到一整天，母女二人没有一个是高兴的。这位网友在最后发言说，如果自己做了母亲，一定会尊重孩子的意愿，想去动物园就去动物园，实在去不了，就说明白，而不是用这种委屈孩子、委屈自己的方式来解决问题。

　　这就是很典型的父母不懂得也不尊重孩子到底要什么：孩子要的，他们不给，却无私地给了孩子不想要的。父母和孩子之间的矛盾根源恰恰就在于此。

像尊重同龄人那样，尊重自己的小孩

成年人常常会强调："每个人都是独立的个体，要尊重每个人的自主意识。"在孩子的成长过程中，比起宣之于口的爱，他们更需要的是来自家长的尊重。

上面两个案例都是家长带孩子外出游玩，为什么我们看到第一个案例后会会心一笑，而看到第二个案例后会感到很无助？那就是被尊重和不被尊重的区别。

美国心理治疗师、医学博士 M. 斯科特·派克曾无数次强调："真正爱孩子的父母都明白，爱孩子就要尊重孩子，尊重他们的意愿和感受，尊重他们有做决定的权利。"然而，很多父母并不懂得：**无论多小的孩子，都不是父母的附属品，更不是可以任父母摆布的玩偶，他们有自己的思想，有自己的主见，也有自己的意愿。**

在网络上曾看过这样一个帖子：孩子打死都不肯吃韭菜馅儿，孩子爸爸和我都特别喜欢吃韭菜馅儿，我下次就只做一种饺子馅儿，看看孩子吃不吃……结果可想而知。有无数网友跟帖，希望这位妈妈能够尊重孩子的喜好，如果孩子不喜欢吃某一种食物，实在没有必要强迫他。

很多父母会认为：这些都是小事情，即便父母做得不好，孩子就不能体谅体谅吗？其实这些不过是某个场景的缩影而已，孩子不接受的物品小到饺子馅儿，大到学习哪个专业，甚至可能是成年之后的结婚对象，等等，家长都可以采取各种强迫手段横加干涉。那么，爱又体现在哪里呢，体现在无数次的阻止和干涉中吗?

每个人在成长过程中，最重要的就是被需要、被尊重和被懂得，这种需求不能因为年龄小就可以被忽略，也不能因为事情小就可以被强迫。诚然，有些孩子因为年龄小，思想和主张并不成熟，家长可以采取更恰当的方式让孩子明白，他的想法是不合时宜的。就比如，我小时候想去动物园游玩，如果妈妈能够好言好语地和我沟通，说自己受不了动物园里的气味，等爸爸有空的时候，让爸爸带我去，这次先和妈妈去植物园，因为妈妈好喜欢花花草草啊，好想和我一起多拍些美美的照片啊。我还会那么委屈吗? 答案当然是不会! 甚至还会喜滋滋地寻找适合拍照的场合。

学会尊重孩子，才能够学会爱孩子。很多人都说，孩子是我生命的延续，我要好好爱护他。但请注意，**孩子只是父母生命的延续，而不是父母意识的延续，如果不能够尊重孩子的意愿，那样只会伤害孩子，反而不利于培养孩子的独立意识。**

孩子最不需要什么？
是家人自以为是的理解！

可能读者朋友们看到这个标题，会不由得一愣：未成年的孩子根本就没有独立生活的能力，他们需要的东西太多太多了，还会有不需要的吗？当然有，孩子最不需要的就是父母自以为是的理解。

如果有人问："你了解你的孩子吗？"几乎所有的父母都会肯定地说："我生的孩子，我还能不了解吗？"然而，真实的情况是：**家长所谓的了解，只是了解孩子在自我意识尚未成形之前所展现的样子，他心中所想、所愿、所期盼的，家长其实并不知道。**

更让人担心的是，很多家长总是自以为是地认为，他们一定很了解孩子，知道孩子最想要什么，于是，总是不合时宜地提供自以为是的理解，反而将孩子越推越远，或者是让孩子停留在不健康的溺爱中而不自知。

虚假的理解，等于不理解

当你还是一个没有任何独立能力的儿童时，最依赖、最信任的人是谁？答案肯定是自己的父母。遇到问题的时候，你一定会在第一时间跑去找父母，把心事告诉他们。但后来呢？你还记得父母的反馈是什么吗？有的父母表现得很不耐烦，说："小孩子，哪来的这么多心思"；有的父母则是左耳朵进右耳朵出，觉得"小孩子三分钟热度，装装样子就行了"；还有的父母则是表现得特别理解孩子，让孩子觉得能被父母理解真幸福。但在父母心里，孩子的心事重要吗？不重要，但要表现出很理解、很重视的样子，以此来让孩子认为自己是好爸爸、好妈妈。

然而，孩子是会长大的，随着时间的推移，他们会开始看懂父母的理解是发自内心还是假装的。有的读者会奇怪，这两者之间有什么区别吗？当然有区别！发自内心理解孩子的父母能够站在孩子的视角看待问题，愿意去理解孩子的烦恼、忧愁，孩子会觉得自己的情绪和想法是被尊重的；假装理解孩子的父母只是做出了理解的姿态，但实际上还是用高高在上的父母视角看待问题，孩子的烦恼可能被说成"作业少了"，孩子的忧愁可能被说成"还是闲的"。

正所谓，期待越大，失望越大。假装理解的姿态已经深入孩子的内心，他会产生一种"不管我做了什么，父母都会理解我"的想法，等到他发现父母的理解只是摆个姿态，内心的落差和失望可想而知。

因此，**如果父母不是发自内心地理解孩子，千万不要做出假装理解的姿态，制造理解的假象。**

三种虚假的理解，你中了几个？

那么，什么是虚假的理解呢？在这里，列举三个最普遍，也是家长最容易做出的虚假理解。

第一种虚假的理解，是假装和孩子交朋友。 很多父母都说，我和宝贝关系特别好，根本就不像是父子／母子，更像是好朋友。然而，你真的能像对待朋友那样对待孩子吗？

朋友犯了错，你最多提出一些建议，如果对方不采纳，你不会强制他必须听自己的。朋友间相处模式会比较轻松，即便说一些你的糗事、丢脸的事，你也不会生气，更不会说对方不尊重自己。朋友不会受你的控制，也不会听你的说教，他们可以有自己的行为准则，你不会觉得有什么不对，如果自己遇到问题也愿意听听朋友的意见。

放到孩子身上，你会以这样的方式对待孩子吗？他犯了错，可以不听你的意见；他说出一些让你感到冒犯的话，你也不会生气，没准还开开心心地反过来吐槽对方；他有自己的原则，可以直接指出你的问题，你要酌情考虑是否接受，但绝对不会因此而感到愤怒……

能做到吗？如果做不到这些，就不要随便说我是和孩子交朋友的父母。孩子在成长过程中对朋友的认知会逐渐变得清晰：在上学之前，他们对朋友的认知等于"玩伴"，谁陪我玩，谁就是我的好朋友，这个阶段父母很容易和孩子当朋友；上学之后，孩子对朋友会有更高的要求，有共同的兴趣爱好，有一个亲密的小圈子，但是因为学习问题，父母不可避免地会扯掉陪着玩的顺从面具，变得严厉。孩子会觉得自己被父母骗了："还说和我做朋友，朋友才不会天天批评我，才不会放大我的缺点！"

第二种虚假的理解，是假装愿意倾听孩子的心声。孩子会有很多自己的心事、秘密，他们不是一开始就学会向父母保密的，而是在一次又一次失望之后，逐渐向父母关闭心门的。比如，大一点的孩子觉得自己对某个异性朋友有了朦胧的好感，他和自己的父母分享后，父母表面上说理解青春期的悸动，背地里却严防死守，生怕孩子早恋，孩子感受到前后反差，会觉得自己被欺骗了。

第三种虚假的理解，是假装懂得孩子的处境。孩子在外面会遇到各种各样的问题，比如，学校里和同学闹了点小矛盾，上课时注意力不集中被老师批评了，又或者是和好朋友"冷战"了，这几乎是所有人在学生时代都会遇到的问题，孩子可能会因此而情绪低落，成绩也会受到影响。父母表面上说理解孩子的心事，但实际上呢，反而用成年人的社交法则去影响孩子，"也就是现在你会在意这些事情，毕业后谁还记得谁啊""同学之间，合得来就多聊聊，合不来就别理他，好好学习才是重点"。

孩子的内心是非常敏感的，父母究竟是发自内心的、从孩子角度出发的理解，还是为了拉近亲子关系而假装的理解，他们能够分得清。如果父母不能始终如一地站在孩子的角度去考虑问题，千万别给自己立"理解孩子"的人设，还不如做通情达理的家长，在该需要理解孩子的时候给予理解，在该严厉管教的时候适时给予管教。

口头的爱是廉价的，落到实处的爱才有价值

不知道从什么时候开始，很多父母特别喜欢对孩子说"宝贝，我爱你""宝贝，你是命运馈赠的礼物"等爱的表白。相较于始终无法将"我爱你"说出口的老一辈父母，**经常向孩子传递爱的父母当然更能得到孩子的喜欢，会觉得自己是"爱的结晶"，生活在"爱的滋养"中。**

然而，"爱"是非常抽象的，它不只停留在口头上，更需要很多行为来做支撑。可能做了父母的读者会觉得奇怪：我抚养孩子、照顾孩子、陪伴孩子，这些行为还不足以说明"爱"吗？那就需要看你给予的爱是否落到了实处，孩子是否切实感受到了。

说多少遍"我爱你"，不如让对方感受到"爱"

老一辈父母总是用含蓄的方式爱着自己的孩子，把深深的爱意融入生活中的点滴。爱体现在细枝末节处，是每次吃饭时那夹入孩子碗

中零星的肉丝，是逢年过节亲手赶制的新衣，是节衣缩食也要供孩子上学的每一张零钱钞票……那时候的爱意看得见、摸得着。虽然孩子也会觉得苦，也会觉得父母之爱太过沉重，却很少有人质疑。

新一代父母学会了西方"爱要表达"的方式，他们从不吝啬向孩子表达"宝贝，我们很爱你""孩子，你是老天爷赐给我们的宝儿"。但对于孩子而言，很多原本能体现爱意的点滴已经被丰富的物质条件所掩盖。他们感觉不到零星的肉丝有多珍贵，那是父母舍不得吃的美味；感觉不到逢年过节的新衣有多珍贵，那是需要节省多久才能买来的珍贵布料制成的；更感觉不到供自己读书的父母有多辛苦……这不是孩子的问题，而是时代的问题，是父母没有跟上时代的步伐，只会用最简单的方式处理最复杂的问题。

在某部电视剧里有这样一个场景：母女二人平时关系很好，女儿每次出门前，妈妈都会拥抱她一下，同时高声说道："宝贝加油，妈妈爱你。"有一天，母女俩产生了一点矛盾。妈妈对着女儿埋怨起来，说自己为了女儿做了多少事情，有多爱她，女儿还要惹她生气。女儿一脸惊愕地回应道，洗衣服的是洗衣机，扫地擦地的是扫地机器人，就连做饭的食材都是从超市购买的快手菜，疑惑地问妈妈为什么有这么大的怨气。妈妈顿时瞠目结舌，半天说不出话来。

有些家长认为，自己为孩子做了这么多，难道孩子感受不到吗？遗憾的是，孩子真的感受不到。孩子看到的是，做家务的是家用电器，平时吃饭是各种简单的快手菜，周末去外面的餐厅吃。父母的工作辛苦吗？辛苦，但如果没有孩子，他们同样要辛苦工作啊，怎么能把工作中的辛苦一股脑儿地算在孩子头上呢？

有的父母会问，那我天天说"爱他"可以吗？可以，但是不够。如果只是停留在口头上的"爱"触及不到孩子的灵魂，无法让孩子真正理解父母之爱的厚重和深远。

爱需要表现出来，要让孩子感受到父母的爱，才能称得上是一份好的爱意。如果孩子感受不到父母的爱，很容易与父母产生隔阂，和父母的关系也会越来越疏远。

从孩子的角度出发，找到爱的正确打开方式

进入社会后，孩子会认为，能够替我着想、为我指明人生方向、不逼迫我做不愿意做的事就是爱；等成家立业后，孩子会认为，父母的存在就是爱。**这是一个过程，既是孩子成长的过程，也是他理解爱、感受爱的过程。父母扮演的角色，应该是教会孩子树立正确的爱的观点，以及如何正确表达爱。**

小孩子的心智并不成熟，他们对爱的理解也比较肤浅，只会用他让我感到高兴、他让我觉得不开心来区分爱和不爱。因此，在孩子比较小的时候，父母需要抽出更多的时间陪伴孩子玩耍，以此来让孩子确认自己是被爱的。当然，孩子很容易得到满足，也很容易被转移注意力，即便父母不能满足他们对爱的需求，他们也会给自己找"乐子"。

当孩子上学之后，自我意识快速形成，他们会逐渐形成"三观"，

所以格外重视自我感受。**张雪峰曾经在一次直播中这样说："很多家长都误解了青少年对爱的理解，在那个阶段的孩子，他们认为爱就是尊重，一旦父母伤害了他们的自尊，他们就会陷入不被爱的自证陷阱中。"**因此，父母要格外注意这个年龄段的孩子的自我感受，不要因为图一时口快而伤害孩子的自尊。

孩子成年之后，父母的爱就变成了挂念、开解和指点迷津。在这个阶段里，孩子已经有了自己的想法和主见，并且随着社会经验的逐渐积累，他们也能够独当一面。然而，他们也会遇到挫折、迷茫、打击，在这些关键时刻，父母可以用温暖的怀抱告诉孩子，家永远是你的避风港。

用合适的方式，让孩子感受到"落在实处"的爱，这才是父母给予孩子最好的爱。

令人窒息的"我是为了你好"

你一定听到过父母对你说："我都是为了你好！"在面对孩子的时候，也一定忍不住对他说："我这么做还不都是为了你好！"

一代又一代的父母，不断地跟孩子强调"是为了他好"，都已经成了父母的口头禅，也成了无数人童年时的"魔咒"。

"我是为了你好"一句中有三个重点，第一个重点是"我"，第二个重点是"为了你"，第三个重点是"好"。用一句最通俗的话来解释："我"认为这么做对你有好处，你怎么认为不重要，并且你必须记住我的付出。如果结果是好的，即便你觉得痛苦，也必须理解我，因为事实证明我是对的；如果结果是坏的，你也不能怪我，至少我的出发点是好的。

看到这里，你会感到窒息吗？

打着为你好的旗号，实则满足自己的控制欲

曾几何时，这句话并没有引起那么多人的反感和抵触，并不是因为这句话的杀伤力不够，而是因为那个年代决定了大多数人没有可以做选择的机会，并且**在那个物质条件相对匮乏的年代，这句话的背后所呈现的是父母的无奈和苦口婆心的劝说，孩子感受到的是父母的担忧**。现如今，孩子看世界的渠道有很多，可以见识到各种亲子关系的相处模式，也可以了解更多的儿童教育学的内容，**"为了你好"这句话已经逐渐失去了父母担忧的温情色彩，反而成为满足父母控制欲的代名词**。

医院里，经常能够看到患者因为过敏而去急诊室治疗，大部分患者局部红肿、出疹，还有一些比较严重的过敏患者会因为喉头水肿影响呼吸而失去意识，这种情况十分紧急，稍有不慎，

就有可能窒息死亡。

有一个小女孩，曾经因为一个月内连续四五次过敏致喉头水肿进入急诊室，引起了急诊大夫的注意。他们很担心女孩，就把家属拉到大厅仔细询问，为什么女孩在短时间内能过敏这么多次，还次次都达到严重的程度。家属支支吾吾，都说没什么大问题。医生一看，这样不能解决问题，就把医院旁边的片警叫了过来。

在警察的盘问下，大家才明白是怎么一回事。小女孩对鸡蛋过敏，但家长觉得鸡蛋有营养，不能吃的话，得想办法解决。既然吃不了鸡蛋，那就吃其他蛋类，就买了鹅蛋、鹌鹑蛋、鸭蛋，换着给孩子吃。结果就是一个月内几次进急诊室。

医生很无奈，告诉家属，孩子不光是鸡蛋过敏，是属于蛋类中包含的某种蛋白质过敏，只要是蛋类就应该忌口。家长还理直气壮地说："这不是在给她做实验吗！"医生最后特别严厉地训斥家属，让他们别不把孩子的身体当回事。家属听出医生明显的指责，觉得自己的一片苦心被辜负了，还很委屈地说："我这也是为了她好，鸡蛋多有营养啊……"

即便已经到了医院，即便已经是医生千叮咛万嘱咐的注意事项，家长都能够用"我也是为了他好"而试图打破，足以说明这句话的杀伤力。

为什么父母总是把"为了你好"挂在嘴边呢？孩子有几年的成长时间是必须全天候听从父母的安排，衣食住行都是父母说了算。在那几年里，父母已经习惯去控制孩子的生活，也习惯性地将孩子当作自己的附属。随着孩子逐渐长大，他们慢慢会有自己的想法，不愿意再听父母的安排，会开始反抗父母的掌控。有的父母能够适应这种变化，但也有很多父母接受不了，会采取各种方法想要夺回控制权。这个时候，他们掌握了**重新控制孩子的最佳理由，也是孩子最难以反驳的理由——"为了你好"**。但是你一定不知道，这种**以控制为目的的"为了你好"正在摧毁你最爱的孩子。**

只想控制孩子的"为你好"，正在毁掉孩子

几乎所有的父母都是爱孩子的，但他们对小孩的爱要建立在孩子懂事、听话、学习好的基础上，一旦孩子对父母的决定产生怀疑，无论对错，父母就会感到事情正在失控，孩子可能会学坏。怎么办呢？赶紧控制住态势，让孩子重回"正轨"！

网络上有这样一个比喻：孩子就像是一棵正在茁壮成长的树苗，父母扮演着植树人的角色，这棵树刚刚有一根枝丫生长出来，父亲就用"为了你好"当作剪刀把它剪掉，那边稍微有点歪，母亲赶紧用"为了你好"当作边框框住树干。远远看过去，这棵树可真漂亮，站得笔直，一定能长成参天大树。但是走近了一看，好家伙，整棵树的树干上坑坑洼洼，都是伤痕。植树人反而理直气壮地说："这就是成长的代价。"至于这棵树想长成什么样，树说了不算，植树人说了算。这棵树疼不疼，树说了不算，植树人说了算。

或许有的父母会说："我是真的为了孩子好啊，我是他的父母，还能害他吗？"当然能！无心之过也是过错啊！在教育孩子的问题

上，我们不能光看动机而不看结果，也不能光看动机而不顾孩子的感受。毕竟在家长面前，孩子是弱势的一方，是受影响的一方。

如果父母真的为了孩子好，就不应该过分想当然地插手他的决定，这样只会让孩子觉得自己不被尊重、不值得被信任；如果父母真的是为了孩子好，就不应该不顾孩子的感受，强迫他去做不愿意做的事情，这样只会让孩子感到压抑和窒息；如果父母真的为了孩子好，就应该站在孩子的角度去思考问题，而不是用"为了你好"把孩子逼到父母的对立面……

恰当的鼓励，是孩子正向成长的能量来源

美国教育学领域曾经做过这样一个实验：心理学家罗森塔尔去某个小学，参观一番之后，他对老师说自己要进行一个"未来发展趋势"的测验，并交给老师一份"最有前途的名单"。名单上一共有十八名学生，老师看到后觉得很奇怪，因为这里面虽然有聪明的学生，但更多的是很普通的学生，还有几名比较调皮捣蛋、平时根

本不听讲的学生。但小学老师听过他的大名，也知道他的本事，认为罗森塔尔独具慧眼。罗森塔尔告诉所有老师，这份名单必须保密，老师要做的是多鼓励他们，少批评他们。一个学期过去后，让人瞠目结舌的事情发生了，这十八名学生的成绩都有了非常大的进步。后续追踪情况表明，他们进入社会后也在不同的岗位上做出了非凡的业绩。这个实验运用的便是鼓励在心理上起到的正向作用，也被称为"罗森塔尔效应"。

罗森塔尔是著名心理学家，但在这个实验里，他其实并没有具体做什么，真正做的人是小学里的老师，做的事情也很简单：多鼓励、少批评。学生还是那些学生，老师也还是那些老师，却能够取得如此显著的效果，足以说明"鼓励"对青少年来说有多重要。如果作为父母，能够在日常生活中，给予孩子足够的鼓励，那么无疑是给孩子的成长注入无限的能量来源，必将对孩子的成长产生积极、深远的影响。

鼓励他，才能让他有勇气重新站起来

在一个孩子的心里，无论他有多成功，都希望得到父母的称赞和认可，无论他有多失败，也绝对不想听到来自父母的否定。在孩子遇到困难、遭遇失败的时候，父母最应该做什么呢？有的父母会说，遇到困难就解决啊，失败了就重新来过呗。说起来容易做起来难，即便是成年人，也会感到沮丧、失落，甚至会质疑自己的能力，更何况是小孩子呢？

　　高考对每一位考生来说都十分重要，有很多学生在高考时因为各种各样的原因，没能考上心仪的大学，最终选择复读。

　　在一部讲述复读的影片中，有这样一个场景很让人触动，一个来学校复读的男孩对着镜头讲述自己决定复读的经历。他说，上次高考，他的分数其实能够上大学，但想上一本就不能选择自己喜欢的专业，想选择自己喜欢的专业就只能上二本。自己家境普通，增加一年的复读费、生活费对父母来说并不算轻松，当时他还想，实在不行就上二本吧。

　　父母看出他的犹豫，也知道他在担心什么。父亲特别郑重地问他："儿子，如果再给你一年的时间，你有没有信心考上一本大学里自己喜欢的专业？"他赶紧说："当然有！"父亲又问："这么自信啊？为什么呢？"他就说："这几天我一直都在复盘考卷，我发现在考试的时候，因为紧张，有好几个知识点自己明明知道，但考试的时候就是没想起来。如果再考，这些一定能克服，至少能提高好几分。而且，我也知道自己哪个部分相对薄弱，如果再给我一年的时间，我可以有针对性地攻克这些难点，也能提高一些分数。"看着儿子越说越有信心，父亲就说："那你去复读一年吧，别留下什么遗憾。"

　　男孩露出惊喜的表情，随后又想到家里的情况，说："那会不会负担太重？"妈妈接口说："这不是你该操心的问题。既然儿子你有信心，做父母的我们还能掉链子？"男孩还是觉得很愧疚，母亲又说："怕什么，你就去复读，大不了就当你上了一所五年制的大学。五年制的大学，都是好专业吧？"父亲接口说："当然了，医学、土木工程都是五年制，对了，核工程也是五年制的！"在父母的鼓励下，男孩最终选择了复读，选择再给自己一次机会。

孩子遭遇挫折是再正常不过的事情，大到考试失利，小到日常生活里的不如意，这正是孩子脆弱的时期，更需要父母的理解、引导和鼓励。

试想一下，在遇到挫折、遭遇失败的时候，孩子应该是什么心情？有的人会故作坚强，"这都不是事""大不了从头再来"；有的人会陷入自我怀疑，"我是不是真的很差劲""是不是平时高估了自己"；有的人非常内疚，"我怎么就不能细心一点""都怪我太粗心了"。

此时，**如果父母只顾着责备，不停地数落孩子，就等于再次提醒他失败是可耻的、丢脸的，只会让他更内疚、更失落；如果父母能够鼓励孩子，就等于在大雨中为他的心灵撑起一把伞。**究竟该怎么做，相信所有父母都会有自己的答案。

鼓励他，才能让他充满自信

千百年来，在子女教育问题上，中国父母都特别习惯性地采用"挫折教育""棍棒教育"，认为"不打不成才"。当然，在封建社会，是真的"打"，现如今的"打"是指打击。似乎只有通过不断地打击孩子，才能让孩子不犯错误、不走弯路。

接受"挫折教育""棍棒教育"的孩子会变成什么样呢？最直

接也是最外显的特点就是胆小、自卑，遇到事情不敢自己做主，怕做错后被批评，也怕失败后承担责任，即便成年后进入社会，也是畏手畏脚，不敢主动出击。

网络上，有一位每天录播英文朗读的 UP 主（指在视频网站、论坛等上传视频、音频等多媒体内容的人），他从刚上大学开始就坚持录下自己朗读英文文章的视频。最开始，看的网友很少，评论除了寥寥几条"博主加油"，更多的是"读得也不怎么样啊""发音不够标准，一听就是中式英语"。但是，有一个网友从第一条视频开始就鼓励博主，最开始是"有勇气开口，就是好的开始""今天比昨天更顺畅了"。随着 UP 主的朗读水平越来越高，这名网友就开始吹起了"彩虹屁"——"真棒，听起来真好听""发音很标准了，再接再厉"。

直到有一天，某位外国旅游达人来中国旅游时，遇到点小麻烦，可处理问题的工作人员英语不好，听不懂外国人在说什么。UP 主看到后，走过去充当翻译，帮外国友人解决了问题。两个人还交流了一番，UP 主为外国友人介绍了很多当地的旅游景点、人文历史，最后，外国友人在自己的视频里特意感谢了他，称赞他的英语发音非常标准。

UP 主因为外国友人的视频火了，很多人都跑到他的页面上看他录制的英语朗读，也发现了那名在每个视频下方都评论的网友，称对方是 UP 主的铁粉。后来，UP 主专门出来解释，给每条视频都留言的"铁粉"是自己的母亲，正是母亲的鼓励，他才敢录制英语朗读的视频，才敢在大众面前开口说英文，才能坚持到现在。

父母的鼓励对孩子建立自信心，有多重要呢？其实，孩子在幼儿时期都是自信的，"天不怕地不怕"，但在接下来的成长过程中，有的孩子会逐渐失去自信，有的孩子却能始终保持自信，原因就在于父母是"打击"他们，还是"鼓励"他们。

比如，孩子不敢开口说英文，怕别人嘲笑他发音不标准。同样的问题，不同的家长会采用不同的应对方法，UP 主很幸运，有一个鼓励他开口的母亲；但也有一些父母会对自己的孩子说："你的发音怎么这么奇怪，听起来像外星人。"于是，孩子就失去了开口说英语的自信，最终还会因为英语成绩下降而被父母指责："你怎么那么笨，英语只得这么点分数！"

孩子自信的来源是父母的鼓励，孩子自卑的来源是父母的打击。如果爱小孩，就请鼓励他、引导他，让他保持自信，带着父母的爱继续前行。

无休无止的唠叨，就是逼迫孩子逃离

一提到父母的唠叨，很多人脑海中都会出现一个任劳任怨的母亲的形象。在孩子上学的时候，她会说："上课要认真听讲啊，别走神，有不会的问题去办公室找老师问清楚，别整天稀里糊涂的。"孩子吃饭时，她会说："别总是吃那些垃圾食品，没有营养。"孩子要出门时，她会说："你在路上小心点，躲着汽车，别多管闲事，早点回来。"孩子找她要点零花钱时，她会说："这么快就花完了？现在的小孩啊，真是不当家不知柴米贵，也不知道省着点花。"孩子生病了，她也在唠叨："你看，我让你多穿点你不听，现在生病了吧！也不知道这次请假会不会耽误学习，到时候你要是跟不上进度，考试考砸了可怎么办？"

除了这些常见的唠叨之外，还有些父母会把"唠叨"当武器，通过不停地念叨，强迫孩子顺从自己的意愿。殊不知，唠叨，正在摧毁原本亲密的亲子关系。

唠叨，不等于关心

很多人会存在这样一个误区：我唠叨他，还不是因为关心他，如果不关心他，我为什么要唠叨呢？然而，**唠叨和关心之间并不画等号！**唠叨，是父母给孩子戴上的"紧箍咒"，更多时候，孩子并不愿意听。

举个简单的例子，孩子要去上学了，妈妈说"路上慢点，注意安全"，这是关心，如果妈妈说："过马路时看清楚，没有车再过马路，躲着点电动车，那些骑电动车的总是横冲直撞的，看着点时间啊，别迟到了……"以下省略几百字，你还认为这是关心吗？

在网上，有个网友吐槽自己的妈妈是个特别能唠叨的人，只要不合她的心意，她就一直说，说到你必须顺着她的意思为止。而且自己妈妈的唠叨非常有特点，她一个人几乎完成了两个人的对话，而且还是那种能吵起来的对话。

最早意识到这个问题是在文理分班的时候，网友是一个偏科比较严重的学生，早就打定主意学习文科了，但妈妈听说后就开始天天唠叨，内容包括但不限于：

"你要学习文科吗？你确定了吗？我听说文科没什么好专业啊，你就不能好好学学数理化，争取把理科成绩提上来，咱们还是学理科吧，理科更有前途，以后也好找工作。你说你一个大男孩怎么就理科学不好呢？你要不要再努努力，还是学习理科吧。"

"那天我碰到楼上的李阿姨了，她家孩子就是学了理科，现在也考上一所不错的大学，听说还准备考研究生呢，已经有点眉目了。你看要不咱们也学理科吧，你再努努力，没准过两天就开窍了呢。"

"学文科的不都是女孩子吗？学文科你能考什么专业啊？那些专业出来都不好找工作，难道你大学毕业之后就回家啃老吗？"

网友说，要不是当时外公生病，需要她回老家去照顾外公，估计自己肯定得被妈妈唠叨着改去学习理科了，如果选择理科，估计他连个二本都考不上。

看到上面的案例，或许你会觉得，这位妈妈虽然比较唠叨，但也是出于对孩子前途的担忧。的确，**唠叨往往是因为担忧，但唠叨的目的是让孩子顺从自己，满足自己的控制欲和表达欲。**

做父母的，需要掌握表达关心的正确方式和方法。孩子年龄小的时候，极度需要父母的关注，如果孩子表现出自己的需求，父母应该第一时间给予回应，可以是语言，也可以是肢体上的亲密接触，要让孩子知道，爸爸妈妈一直在关注你。但孩子长大一些之后，他们就开始需要自己的独立空间了，父母更应该尊重孩子的意愿。如果他来找父母商量，就说明他需要父母提出意见。如果他是来告诉父母的，就说明他已经做出了决定，父母应该先尊重，再提意见。

没有人喜欢喋喋不休的唠叨

我们都看过电影《大话西游》，里面的唐僧太能唠叨，被孙悟空讽刺为"脑子里有一万只苍蝇在嗡嗡作响，吵得你吃不好，睡不好"，就连慈悲为怀的观音大士都因受不了而出手。看电影的时候，很多观众都会被这个剧情设定逗笑，但在现实生活里，又有多少人能忍住不做发射"波音功"的唠叨者呢？

在教育孩子的问题上，家长要明白过犹不及，必须拿捏好"度"。一两句话，无论是关心的，还是指导的，孩子能够听进去，能感受到父母的良苦用心；三五句话，孩子虽然会觉得"真啰唆"，但能够拣重点听；十句八句，孩子已经开始产生厌烦的负面情绪，大部分话都是左耳朵进右耳朵出，根本就找不到重点；再多了，孩子可能直接站起身，告诉你"我要回房间了"，直接切断了沟通的桥梁。

父母总想着，我多说一点，他就能少错一点，万一我没说到，孩子就如何如何了。如果孩子年龄比较小，父母要考虑他是否有那么长时间的专注力。为什么很多小孩子听不到父母的训斥？是因为他们已经对外界的声音产生了屏蔽，完全沉溺在自己的世界里，尤其是在父母已经说了好几分钟之后，小孩子的注意力早就飘走了。

如果孩子的年龄比较大，他就会有自己的判断，父母说得正中他心意，他会觉得"看样子，我这么想是对的"；如果父母说的话和他的想法正相反，他肯定会想"父母懂什么，现在是年轻人的天下"。

更糟糕的是，对于孩子的逆反和厌烦，父母看到了、感受到了，但丝毫不认为是自己的问题，反而会责怪孩子不听话了、翅膀硬了。**想要让孩子听自己的话，先学会说重点，关心要到位，一味地唠叨，只会让人觉得聒噪。**

第二篇

抚养的真谛是辅养

聪明的父母会引导孩子成长

在公园里，我们经常能看到这样的温馨画面：小孩子在学习走路，爸爸妈妈一前一后，很紧张地守护着孩子。妈妈在前面拍手，吸引孩子的注意力，然后鼓励他："宝贝，到妈妈这里来。"爸爸则是用手虚扶着孩子的身体，生怕孩子摔倒。小孩子一点点地尝试着迈开双腿，向母亲的方向走去……这是每一个孩子学习走路的过程，也可以看作是他成长的过程：母亲在前面引导、鼓励，父亲在后面保护、托底。

不要用自己的喜好去主导孩子

父母是孩子的第一任老师，他们要教会孩子做人的道理、学习的本质，这是孩子学习的第一步。但很多家长弄错了一件事：学习的主体一定是孩子本人，无论学习做人，还是学习书本知识，家长更像是游戏里的"辅助角色"，而不是主导者。

为什么有的孩子明明小时候很愿意读书，可长大后学习成绩就是很糟糕呢？如果你去问他，他肯定会说，读书没意思了，因为父母会帮他决定读什么书是正确的，看闲书是错误的，导致他一看书就觉得父母在旁边左右自己，从而产生厌烦情绪。

就以读书为例，年龄小的孩子肯定喜欢看那些设计精美的、有互动感的玩具书，肯定不喜欢看一翻开全是文字的书。因为这和他们的认知程度有关，也和他们的注意力能够集中的时长有关。但是有的家长不懂这些，总认为名著类的可以看、人文历史类的可以看、科普类的可以看，但是那些花花绿绿的"小人书"不能看。这种行为就属于"主导"孩子，并且还是以自己的喜好和认知出发的主导。

聪明的父母会把孩子带到图书馆，帮助他挑选图书。比如，问问孩子对哪些方面的书更感兴趣，然后让孩子去挑选，父母在旁边的作用就是别让孩子看超龄的图书。比如，一个刚上小学的孩子看到现在《黑神话：悟空》的游戏特别火，就想了解一下《西游记》的故事。到了书店，有很多版本的《西游记》，哪一个版本更适合这个年龄段的孩子呢？这就需要父母先帮他筛选出来，再让孩子决定买哪一本。可能你想让他买第一本，因为带有一些解读，方便孩子理解，但孩子觉得第二本好，封面好看，里面有插图。没关系，听他的，因为你已经进行过初步筛选，现在的选择范围里都适合这个年龄段的孩子，无外乎是哪一本让孩子更感兴趣。

同样是选择图书，一个是告诉你什么不能买，得买我说的那本，一个是在基本范围里让孩子挑，如果你是孩子，你更愿意接受哪一个呢？

要学会给孩子当"捧哏"

每逢寒暑假，博物馆里总是有很多家长带着孩子来参观。有这样一对母子很有意思，在参观各种文物时，孩子会很努力地念出旁边的介绍文字，而妈妈则在一旁不停地接话。

孩子念道："商后母戊鼎，又称司母戊鼎、司母戊大方鼎，是商后期（约公元前14世纪至公元前11世纪）的铸品，于1939年出土于河南省安阳市武官村……"

妈妈在旁边说："商朝后期，至今得有多少年了啊？"

小孩说："按照公元前14世纪算的话，距今得有三千多年了。"

妈妈又说："哈哈哈，按照公元前11世纪，也是三千多年了啊。"

小孩子掰着手指算了算，说："对哦！我才反应过来，妈妈你逗我！"

妈妈又问："你知道商朝的名人都有谁吗？"

小孩很骄傲地说："当然知道了，我看过《封神榜》！商纣王、妲己、比干，对了，还有妇好。妈妈，你知道妇好是谁吗？"

妈妈想了想，假装不知道："你给我讲讲。"

孩子就特别有兴趣地开始讲述："妇好是中国历史上第一位女将军，而且是历史上真实存在的，不像花木兰那样是虚构的。但更多的，我就不清楚了。"

妈妈说："没关系，你已经很厉害了，这么小都知道妇好了。

如果你有兴趣，到时候可以去网上查一查，知道得更清楚。"

　　这样的对话，看起来会不会很轻松？孩子在参观博物馆的时候，会根据展品进行思维发散。母亲在一旁没有说教，而是像个"相声捧哏"一样，把自己的位置放得特别低，引导孩子主动表达、主动探索。

　　在孩子学习的过程中，父母就应该这样做，让孩子主动去看、主动去表达、主动去寻找，而不是总摆出一副高高在上的姿态，让孩子被动地听，然后全盘接受。同样都是学习方法，但带来的结果却大不相同。

　　将主动权交给孩子，首先会给孩子带来满足感和成就感，让他觉得自己的学习有效果，无论是对课本知识的学习，还是对为人处世的学习，都是如此。其次，能够让孩子自己寻找问题，孩子欠缺什么，家长只是反复说他们是听不进去的，而一旦他们自己有兴趣了，知道问题在哪里，就会主动去寻找答案，以此来带动他们的内驱力。最后，有这么善于并且乐于捧场的父母，他心里肯定是开心的。爸爸妈妈给足了孩子面子，假装自己不知道，假装孩子很博学，他能不知道吗？可父母就是愿意让孩子开心，孩子怎么能不领情呢？

愚蠢的父母才总想着替孩子成长

有这样一则寓言：在古代，有一对父母特别溺爱自己的孩子，衣来伸手饭来张口，孩子已经很大了，还不会自己吃饭，必须让妈妈喂他。有一天，这对父母要去外地，需要走十天半个月，又不能带着孩子。为了让孩子能吃到饭，老娘烙了一张特别大的饼子，从中间掏了个洞，套在孩子的脖子上。她的想法很简单，孩子饿了，就会吃烙饼，坚持十天半个月，自己回来后就给他做好吃的。过了十几天后，他们回家了，却看见儿子饿死了，脖子上的大饼只咬掉了面前的那一部分。原来，儿子连把烙饼转一面都不会……

那双无形的手，恨不得伸进每一条缝隙

在父母眼里，孩子有多脆弱呢？老话是这么形容的："含在嘴里怕化了，捧在手里怕摔了。"到了现代社会，情况依然如此。孩子走在路上，怕旁边开车的司机不长眼，怕马路上突然裂出一道缝；吃

个饭，太热的怕烫到嘴，太凉的怕闹肚子；玩会儿电脑怕近视，看会儿电视怕影响听力……如果有一个罩子能把孩子罩起来，保证他的安全就好了。正是因为有这样的思想，所以社会上出现了很多"巨婴"。

　　每一年大学毕业季，很多企业都会组织针对毕业生的校园招聘。一个资深 HR（人力资源）就分享了这样一则让他都觉得奇葩的案例。

　　招聘会上，有不少陪着孩子来应聘的家长，对于这一点，HR 已经见怪不怪了，毕竟有很多毕业生找不到工作就直接回老家发展，父母可能就是来督促孩子赶紧回家的。

　　有一个毕业生的母亲，不光陪着孩子来面试，还帮孩子回答问题。

　　HR 问："你先做一下自我介绍吧。"毕业生说了一下自己的学习履历，在学校的组织活动中，担任了哪些职务，承担了哪些工作，获得了哪些实践能力，等等。这位母亲接话道："哎呀，我闺女就是腼腆，她特别优秀，老给我打电话说评上了什么什么荣誉。你看这孩子，还不好意思说。"

　　HR 问："你来我们公司应聘，那你对我们公司有没有什么了解呢？"毕业生照着百度百科念了一遍，也算是知道应聘的基本法则。这位母亲又接着话茬说："你们公司做得很大，我们在老家都听说过，要是我闺女能进入你们公司工作，我们做父母的也算踏实了。"

　　后来，HR 实在忍无可忍，让这位母亲不要干扰面试。毕竟，校园招聘基本上都是在学校操场这种公共场所进行，没有所谓的办公室，HR 只能建议，却不能强迫她离场。这位母亲却不乐意了，觉得 HR 没事找事，闺女这么优秀，怎么还不给通过。

很多父母就像这位毕业生的母亲，恨不得替孩子做所有的事情、解决所有的困难，小到生活里的方方面面，大到人生的重要抉择，似乎没有父母替他们做决定，孩子就要遭遇重大挫折了。但事实真的会如此吗？

就像案例里这位母亲，如果没有她的出现，或许这个女孩仍然得不到心仪的录用书，但母亲出现后，她一定得不到。因为 HR 看到的不是女孩的个人能力，而是她有个保护欲过盛的母亲，为了避免麻烦，他也不愿意让这样的"巨婴"进入公司。

孩子成年后，仍然有这样的事情发生，在学生时代，这种事情更是层出不穷。其根本原因是：父母想把所有的危险因素都挡在孩子成长道路之外，但他们并不知道，遇到挫折、战胜困难也是孩子成长道路上必须经历的一关。

作为父母，我们可以替孩子抵挡一次、抵挡两次，但不能抵挡一辈子。总有一天，他要面对这个世界的每一面，尤其是那些不好的、消极的、负面的。从来没有经受过挫折的人，要怎么去面对呢？

别让"你永远都是我的孩子"的思想害了他

如果你要问，出现"巨婴"最多的地方在哪里？这个答案不是职场、不是社会，而是婚姻里。有多少女性在结婚生子之后发现，自己的丈夫还没有长大，很多应该由丈夫承担的工作，都被婆婆包揽过去。比如，小孩刚出生，正是丈夫和孩子彼此之间建立情感连接的关键时刻，婆婆却站出来对女人说："男人要养家，他比较辛苦，就别让他夜里看孩子了，咱们娘俩辛苦一下，得确保他睡眠充足。"一句话，就把男人排除在了养育孩子的范畴之外。

换个角度来思考这个问题：婆婆这么做的目的是什么？是过度保护自己的儿子，想通过自己的劳动代替儿子。**即便自己的孩子已经结婚生子，母亲最常挂在嘴边的一句话仍是："你多大都是我的孩子，我要疼你、爱你。"**疼爱可以，但代替孩子承担他本应该承担的责任，反而会害了孩子。

孩子小的时候，因为父母过度干涉他的成长，会导致他无法在行为上独立。比如，很多孩子初次进入集体生活后，连最基本的自理能力都没有，给父母打电话哭着抱怨"住宿条件太差，洗内衣得自己动手洗"，有条件的父母甚至大手一挥，在校外给孩子租了公寓。但解决了一个问题，还会有其他问题，难道父母能替孩子解决所有问题吗？

孩子工作之后，因为父母的过度保护，在职场上处处碰壁，导致自尊心受挫。比如，现在很多年轻人动不动就"辞职不干了"，这种行为可以说是真性情，但反过来也证明他对职场上遇到的困难无能为力。根源就在于他遭遇的挫折太少了，被父母保护得太好了，难以应对职场上的挫折，更遑论在社会上立足。

可能有人会说，孩子长大了就好了，就能学会了。但这里说的长大只是年龄、身高、体重增长了，抗压能力、解决问题的能力、执行力、自理能力却没有得到同步成长，和那个需要父母呵护的小孩子没有任何分别。作为父母，你究竟能保护他多久呢？

学会放手，给孩子留出适当的空间

很早之前，有一种育儿理念，当孩子出生后，专家都会鼓励父母陪着孩子一起睡，这样能够让孩子充分体会到父母在身边的安全感，从而建立亲密的亲子关系。但随着儿童教育的进步，专家会建议，如果有条件，让孩子自己睡，也不建议父母总把孩子抱在怀里，因为孩子一旦习惯了父母的怀抱之后，被父母放下，会感到焦虑，会通过哭闹的方式重回温暖的怀抱。简单来说，当孩子出生之后，父母就应该考虑为孩子留出属于他的独立空间。比如，可以在父母的房间里放置一张单独的婴儿床，让孩子拥有自己相对独立的小天地。这样的安排，远比把孩子直接放在夫妻之间更为合适。把孩子放在单独的婴儿床中，既可以让孩子感受到一定的安全感，又能培养孩子的独立性。

尊重孩子的意愿，逐渐放手

在孩子开始学习走路的时候，他会有挣扎着想从父母手里逃离的动作，但几乎所有的家长都会因为害怕孩子受伤反而紧紧攥住他的手。虽然这只是孩子成长过程中的一个动作，但也很能说明问题：**在很多时候，孩子都已经向父母传递了"需要放手"的信号，而父母会因为自己的考量不愿意放手。**

在幼儿园里，老师也会给小孩子布置一些简单的"作业"，比如，自己收拾书包，整理第二天要做的手工课材料。有的小孩子动手能力强，很快就能学会自己收拾，偶尔会出现没带材料的小问题，但瑕不掩瑜，自理能力会逐渐增强。有的小孩子动手能力比较弱，需要老师的敦促、家长的辅助才能基本完成。

完成度最高且几乎不出错只有两种可能，一种是孩子本身能力强、记忆力好，另一种就是家长代劳。

幼儿园里布置的功课，大部分都是在培养孩子的动手能力，老师希望通过布置这类简单的作业，让孩子在准备、整理的过程中得到一定的锻炼，以便上学后能够更好地适应学校生活。但在家长看来，不行，孩子怎么能离开我呢？我要陪伴他、守护他啊。因此，**是父母不敢放开孩子，想通过自己代劳减轻孩子的负担，却让孩子失去了宝贵的锻炼机会，所以并不是孩子不能放开父母，而是父母觉得孩子离不开自己。**

举个简单的例子，孩子在上幼儿园之后，每天回家都会叽叽喳喳地和父母分享今天一天都发生了什么，如玩了什么游戏、吃了什么饭等。如果有一天，孩子开始有所隐瞒了，父母旁敲侧击地打探，甚至跑去问幼儿园老师，今天孩子在幼儿园里有没有遇到什么不开心的事情。幼儿园老师说没有，一切如常。

这时候，家长就应该停止继续询问，因为孩子的心里有了属于他的小秘密。但实际上，能做到这一点的父母并不多，大部分父母在发现孩子有奇怪举动的时候，总是先考虑最坏的情况，如孩子是不是在幼儿园里被其他小朋友欺负了，又或者是不是被老师批评了，所以表现得格外紧张。

小孩子有了自己的小秘密，不愿意和父母分享，就是他在向父母传递"我要长大了"的信号。父母不用太在意，也不用太担心，或许过不了多久，他自己就会忍不住分享出来，又或者抛在脑后，记不得了。

有计划地"远离"孩子的世界

一般来说，当孩子有了集体生活之后，如上幼儿园、上学后，他会拥有属于自己的交际圈，同龄的小伙伴、谈得来的好朋友、打打闹闹的同桌，甚至再长大一些，还会有产生朦胧好感的同学。回到家后，他们谈论更多的是和同学之间的趣事，共同的兴趣爱好，很多时候，父母听起来都会觉得很陌生。这时候，父母就应该知道：**自己要有计划地"远离"孩子的世界，让他多和同龄人去沟通、去玩耍。**

孩子拥有自己的精神世界，可能他的精神世界大人看不懂，感觉有代沟。最典型的就是，80后提到歌星大多是指王菲、周杰伦、孙燕姿；90后提到歌星可能是QQ音乐三巨头；00后就更是千奇百怪了，让人摸不着头脑。强行让父母去理解孩子的想法并不现实，毕竟生活里有太多太多需要牵扯精力的事情。同理，强行让青少年儿童理解父母的想法也不现实。最好的方法就是：**父母时刻关注孩子的成长，但给他保留探索自己的精神世界的权利。**

一位网友在网上发帖子提问，说自己现在特别苦恼，原因是她已经听不懂孩子每天都在说什么了。其他网友都很好奇，就问："孩子说什么了，让你这么担心？"提问者就把孩子的手账拿出来拍了照片，传到网上。上面写的似乎是摘抄，上句不挨下句，的确看不出是什么意思。提问者说："自己家孩子每天都把这些话当口头禅，自己还听不明白，有时候深沉得像个老头，有时候又化身热血少年，我是真的搞不懂他到底怎么了。"

就在大家讨论的时候，一个和提问者的孩子同龄的网友说："阿姨你好，这是一款热门游戏角色的经典台词，相信您的孩子就是在玩这个游戏，游戏的画面很漂亮，情节设计也超自然，所以台词很特别。您没玩过这个游戏，所以看不懂。不过，有一说一，您这种行为可真是够下头（扫兴、无语）的。"

终于解惑了，提问者的心也放下了，但随之而来的是愧疚和自责。被一个和自己孩子同龄的小孩指责，的确让一个成年人觉得丢脸。于是她回复道："我真的是急昏头了，想当年，我也曾因为父母偷看我的日记和父母发脾气，想不到现在自己做了母亲，竟然也能做出偷看孩子手账的行为。小朋友，阿姨感谢你，幸好你提醒了我，我会改正自己的错误。"

所有的父母曾经都做过小孩，也曾经因为父母过度干涉自己的生活而进行过"反抗"，可到头来，等他们做了父母之后，仍然不愿意给孩子保留享有"独立的精神世界"的权利。如果你想让孩子精神独立，就需要给他留出独立的空间，而不是他稍微说一两句奇怪的台词，就紧张到像是世界末日一样，整天惶惶不安。

让孩子按照自己的喜好去成长，他有权利去做任何想做的事。如果家长不放心，可以划出一个范围，明确地告诉孩子，在这个范围内，父母给他做主的机会，但是超过这个范围，就需要征求父母的同意。这样一来，孩子拥有了"成长的自由"，家长也有了"管教的底气"，而不是停留在"你凭什么管我""我凭什么不能管你"的极限拉扯中，白白消耗亲子关系。

牢牢掌控，是在制造孩子成长的阴影

父母有没有对孩子说"不"的权利？有，并且父母始终在滥用这个权利。

孩子有没有对父母说"不"的权利？有，但孩子想要使用这个权利，实在不容易。

父母对子女的管教，几乎是全天候、全方位、全维度的。全天候，是指一天 24 个小时，父母想要管教孩子，随时都可以；全方位，是指它包含了太多的内容，小到穿什么衣服、穿什么鞋，再到吃什么、喝什么，还有学习成绩，几乎样样不落；全维度，是指不光要管教孩子的行为，还要管教孩子的思想。这一套组合拳打下来，本身就处于弱势的孩子几乎毫无招架之力。

一双鞋引发的争议

有一段视频曾经在网上广为流传，内容让人看得很是难过。

视频中，一个大概二十多岁的女孩和母亲一起去鞋店买鞋。女孩看上了一双马丁靴，销售人员站在旁边推销鞋子，女孩试穿后觉得很喜欢，就想买。但是她的母亲不让，这双马丁靴售价将近三百元，不划算，不如买双一百元左右的旅游鞋。

女孩刚开始还和母亲讲道理，说现在特别流行打底裤配马丁靴，很好看，而且这双鞋也不算贵。她磨破了嘴皮子，母亲就是不同意。女孩看没办法，就说："那你把我的工资卡还给我，我自己买！"母亲还是不同意，非要让女孩买一双一百元左右的旅游鞋。

后来，那个女孩突然就崩溃地蹲在地上大哭起来，说："我就是想要一双马丁靴，不行吗？我都二十多岁了，我就不能买一双我自己喜欢的鞋吗？"更让人绝望的是那位母亲的反应，女孩都这么哭诉了，她仍然很平静地看着女孩，最后问："发完疯了吗？就买这双旅游鞋吧。"在她眼里，女孩这种不正常的行为似乎已经司空见惯，根本就不需要她这个母亲来关注。

这个视频引发了无数人的讨论：一个二十多岁、已经工作的女孩，被母亲要求工资卡必须上交，她几乎没有按照自己的喜好消费过，都是母亲来做决定。即便女孩因为这件事情情绪失控，母亲仍然不为所动。有的网友很不理解，觉得母亲怎么会如此冷漠？女孩的要求又不过分，为什么不能满足她呢？答案很简单：在这位母亲看来，女儿的要求"超纲"了。

在进入鞋店之前，母亲就在心里想好了，买鞋的标准是"一百元左右""旅游鞋"，如果女儿懂事，就应该听从母亲的建议，买好后，母女俩"开开心心"地回家。但女儿的表现不符合她规划的条框，既不满足一百元左右的条件，又不是旅游鞋，非要买将近三百元的马丁靴，那就是"超纲"了。换言之，就是超越了母亲的预期。所以她不同意，并且在女孩崩溃时，冷漠地看着她。在那个时刻里，母亲的心里绝对不是心疼女儿，而是认为，女孩的崩溃莫名其妙，等她正常了，就会按照自己的心愿，购买一双一百元左右的旅游鞋。

冰冻三尺非一日之寒

父母在应该放手的时候不放手，继续掌控孩子，势必会迎来孩子的反抗。性格强硬一点的孩子，反抗的方式会比较激烈，比如，和父母大吵大闹，要求父母给自己一些自由的空间；性格软弱一点的孩子，反抗的方式会比较和缓，更希望通过沟通和父母达成共识。

上文网络视频中的女孩，也一定向父母多次传达，希望自己的事情可以自己做主，肯定也曾多次哭诉过：自己难道就没有做主的权利吗？否则，她的母亲不会对她的行为那么司空见惯、冷眼看待。在这个过程里，女孩受到的伤害是难以估量的。

首先，是不断地自我消耗、自我质疑。孩子渴望得到父母的认可是一种本能，如果得不到，他就会在心里不停地问自己，到底做错了什么事，让父母这么不放心自己，一点自由都不给。长此以往，他会觉得，这个世界上有一双无形的手正在操控他的人生，他不是一个活生生的人，而是操纵在别人手里的提线木偶。

其次，是寻找机会爆发，发泄情绪。想要购买马丁靴的女孩目前正处在这个阶段。相信在平时，她就是一个很普通的女孩子，文文静静的，一旦碰到让她应激的事情，她就会突然间情绪失控，痛哭流涕，觉得自己特别委屈。在心理学领域，这种情况表明她已经出现了很明显的心理疾病的症状。但真正的始作俑者，却站在一旁，用一种"你怎么如此无理取闹"的冷漠态度看着她。女孩儿的痛苦来自母亲，却仍被自己的母亲以强硬和漠视的态度对待，这层痛苦无疑又在加重。

最后，是麻木，不再挣扎。 在多次爆发情绪都达不到自己的诉求时，人会变得麻木，俗话说"认命了"，就是这种状态。生活里的一切都和我无关，好的也罢，坏的也罢，我不再拥有人生追求，也失去了生活的动力。

可能很多人会说，她离开这个环境，自然就能摆脱这种掌控。说起来容易，做起来很难。很多人在被掌控的时候，拼命想要逃离，可逃离之后应该过怎样的生活呢？在无限期的掌控的阴影下，自己甚至不知道获得"自己做主"之后要做什么。这才是真正的可悲之处。

任何一个爱着孩子的父母，都不愿意看到孩子经受这样的苦难，并且这份苦难的施害者还是自己。因此，松开手，放他走，是所有父母都需要做的事情。并且，这是一个长达十多年、二十多年的过程，不是在某一个风和日丽的早晨，你突然对孩子说："宝贝，你成年了，我们不再掌控你了。"而是在漫长的过程中，逐渐放开掌控，一点点把"做主"的权利让渡给孩子自己。在逐渐脱离掌控的过程中，他可能会犯错，可能会被骗，也可能会走些弯路，做父母的，可以引导他找到正确的方向，慢慢帮助他做出正确的选择，这才是真正的"爱"。

现在学会独自解决问题，
未来才能独立自主

你有没有遇到过这样的情况，孩子碰到一点小事，就跑过来对你撒个娇，然后说："妈妈，这个我不会，你帮我做吧。"当孩子以这样的姿态向你求助时，你会怎么办呢？

有的家长嫌麻烦，直接拿过来三下五除二就做好了，然后对孩子说："就这一次啊，下次你可得自己做。"然而，下一次孩子再过来撒个娇，你又拿过来帮他做好了。

有的家长则是很有耐心地引导孩子自己去做，即便刚开始孩子非常不熟练，笨手笨脚，但一次不行两次，两次不行三次，总有一次他会学会的。

授人以鱼，不如授人以渔

孩子的能力是一点点培养、积累起来的，无论是学习能力，还是生活能力，包括独立处理问题的能力，都是需要循序渐进培养的。

举个简单的例子：孩子吃饭，最开始他吃辅食必须靠家长一点点地喂，后来慢慢教会他使用勺子，然后变成儿童辅助筷子，最后才是非常熟练地使用餐具。父母不能一辈子都给孩子喂饭，必须趁早教会他怎么使用餐具。

延伸到其他问题，也是同样的道理。为了让孩子独立，家长可以采用很多种方式，最好的方式一定是让孩子自己动手、自己实践、自己查漏补缺、自己找到解决问题的方法。这个过程肯定是比较麻烦的，孩子会觉得痛苦，想要放弃，越是这种时刻，家长越不能放任。

首先，不要夸大困难的程度。很多事情在做之前，我们总是会不由自主地把它想得特别困难，有些父母还特别细化，甚至夸大其词，让孩子心生惧意。比如，孩子想要学习骑自行车，在教他之前，父母总是开玩笑逗孩子："教你可以，一会儿摔了你可别哭啊！"孩子心里就会产生退缩之意，心想，是啊，学习自行车会摔倒啊，摔倒多疼啊，那不学了。又或者是，孩子想要学做一道菜，母亲觉得可以，但教之前非要说一句："一会儿溅起油点子，你可别害怕啊，别因为害怕把我的炒菜锅给掀了。"孩子一听，好家伙，还有这样的风险呢，那不做了。孩子想要学会各种生活的技巧，以便日后能够独立，父母当然知道这是好事，却总要把困难故意说得很大，这个做法不但会让孩子心生惧意，还真有可能导致他因为惧怕而"摔倒""溅起油点子"，何必呢？

其次，不要拿学习当借口，阻挡孩子。有的父母总是把"学生的首要任务是学习"挂在嘴边，每当孩子想要学点生活技巧，就横加阻拦，认为有这个时间去做几道题多好啊。这无意中就打消了孩子学习的兴趣。要知道，学习并不局限于书本的知识，也需要学会生活中的技巧。远了不说，当孩子考上大学之后，他们就势必要独自解决生活中的问题，大到日常开销，小到如何使用小家电，如果什么都不会，难道父母要陪着他吗？孩子所有的生活问题都能代劳吗？

最后，授人以鱼，不如授人以渔。孩子总有一天会成年，要独自面对生活，父母不可能永远替孩子去解决问题，与其在日后让他处处碰壁而不知所措，还不如在日常生活里先把这些技巧教给孩子，让孩子具备解决问题的能力。做父母的应该清楚，帮孩子解决问题是授人以鱼，教孩子解决问题才是授人以渔。

遇到问题，引导孩子自己思考

在某个阶段里，孩子看到什么事情都会发问，这是为什么，那是为什么。家长只好不停地"百度"，寻找答案，给孩子解惑。但这种方法有一个弊端，孩子提出问题，他不会思考，家长告诉他答案，等于是单方面向孩子输出。

在孩子小的时候，他没有能力独立思考问题，这种做法很正常，但对待大孩子就不能再这样了，而是要试着引导孩子自己先思考。小孩子的问题是天马行空的，看见星星问天空，看见汽车问机械，他对问题本身没有一定的认知。可上学的孩子已经开始接触到具体知识点，有了自己思考问题的能力。在这种情况下，**儿童心理学家会建议：凡是孩子自己能够思考的，就让他自己去想。**

网络上有很多父母辅导孩子功课时崩溃的画面。父亲问孩子"1+13"等于多少，孩子说"23"。父亲问为什么要把1加到十位数上呢？孩子说难道不是吗？于是，父亲崩溃了，拍着作业本说："要加到个位数啊，个位数，就是得加到个位数！"

同样是做加减法，另一个父亲就很"聪明"。他问孩子"1+13"等于多少，孩子也说"23"。父亲问他是怎么算出来的。孩子说，"1+1"等于2，再加上后面的3，就是23。父亲指着单独的"1"问："这是不是个位数？"孩子点头。父亲又指着"13"说："那这个数字里哪个是个位数？你好好想想。"

在孩子思考的时候，父亲拿起手机刷着视频，等过了一会儿，问孩子："找到哪个是个位数了吗？"孩子摇头。父亲又说："你别把它当成一个数字，你把它当成钱，这是多少钱啊？"孩子说："十三元。"父亲说："那想出来哪个是个位数，哪个是十位数了吗？"孩子露出恍然大悟的表情，说："10是十位数，3是个位数。"父亲再问："那加法的原则是什么啊？"孩子说："个位数和个位数相加，满十要进一，十位数和十位数相加，位置不能错。这道题的答案是14，我说对了吗？"

这只是生活中引导孩子去思考的一个简单例子，生活中的方方面面都可以参考这个操作。培养孩子独立思考，是为了让他建立处理问题的思维逻辑，找到解决问题的方法，而不是简单地知道一个答案。

　　有的父母总是认为，让孩子思考，就是让他知道正确答案，而忽略了对孩子思维能力的锻炼。这样做，孩子只知道问题和答案，却不知道这个问题为什么是这个答案，而不是其他答案，会让孩子失去学习的乐趣，更无从谈及独立思考和独立解决问题的能力了。

第三篇

摸清孩子成长的轨迹

哺乳期内，要建立依恋关系

孩子的成长是分阶段进行的，这些成长阶段前后相续，构成了一个生命体独特的成长轨迹。孩子的每个成长阶段，家长都会有不同的应对措施和教育重点。作为父母，要懂得孩子的成长轨迹，尊重孩子成长轨迹的特征，并有针对性地给予孩子正确的教育。

你了解依恋关系吗？

成长其实在哺乳期就已经开始了。孩子出生之后，脱离了他已经熟悉了十个月的子宫，来到一个全新的世界，会出于本能地寻找让自己感到安心的怀抱，会根据外部环境做出身体反应。比如，母亲在身边，孩子就比较安静，能够睡得很熟；母亲外出时，孩子会突然惊醒，大哭不止。其实这就是孩子对母亲表现出了强烈的依恋关系。

孩子能够通过心跳声、气味等因素来判断，母亲是不是在身边，这个环境是不是安全。当然，如果孩子出生之后，父亲照顾得比较多，经常抚摸孩子的身体，或者是给孩子换尿片、喂奶，孩子也能感受到父亲的关爱。

在儿童心理学里，亲子依恋关系会被分为三类：安全型、矛盾焦虑型和回避型。

如果父母有事离开了，让其他人来照顾孩子、陪伴孩子，最开始孩子可能会表现出轻微的焦虑，但注意力很快就被其他事物所吸引。等父母回来后，他们也能快速地和父母继续玩耍。这种小孩的情绪最稳定、最正向，属于安全型依恋关系。也就是说，孩子的内心有强烈的安全感。

同样是父母有事情离开了，让别人来照顾孩子。如果这个孩子大哭大闹，照顾他的人想尽一切办法都没能让他安静下来，而且这种表现会持续到父母回来。那么他属于矛盾焦虑型依恋关系。也就是说，他不能接受父母离开自己，心理需求度比较高，在性格上，往往会呈现出胆小懦弱、缺乏安全感，并且在某个方面比较执拗。

而对父母离开和回来都无动于衷的孩子属于回避型依恋关系。这种孩子是最需要父母注意的，因为他们对外界的情感反馈能力比较弱，长大后，同理心也比较弱，容易变得暴躁、孤僻。

父母都知道，在孩子出生后，如果产妇身体允许，医护人员会第一时间把孩子抱到妈妈身边，让妈妈亲亲宝宝、摸摸宝宝。可能很多人会以为，这是医护人员为了安抚刚刚经历过痛苦的产妇，实际上，这个行为更多地是在安抚刚刚出生的孩子。

我们不妨假设一下，原本你住在一个黑暗的、充满水的地方，在这里，你特别踏实，有一个持续的、有节奏的"嘭嘭"声陪伴着你。突然，你被一股无形的力量推着往外走，你会受到挤压，感受到温度、湿度都发生了变化，还有特别亮的光。那个让你安心的"嘭嘭"声听不见了，还有人拍了你一下，让你哭出了声……你会不会觉得很害怕？

因此，医护人员会第一时间把孩子放入母亲的怀里，目的是让孩子再听到那个令他熟悉的"嘭嘭"声，也就是母亲的心跳。这样做，可以最大程度地安抚孩子，让孩子和母亲之间建立起依恋关系。

如果产妇因为生产而体力衰竭，没能第一时间拥抱自己的宝宝，也不用着急。等回到病房之后，医护人员也会把孩子抱给产妇，这时候，你可以尽可能多地抚摸宝宝，让宝宝靠近自己的身体。也可以让父亲这样做，方便宝宝熟悉父亲的体温和气味，以减少父亲照顾孩子时，孩子产生的不安情绪。可以这样说，**依恋关系建立得越好，孩子的性格就会越好，和父母的关系也就越好。**

他只是不会表达，而不是不会感受

很多人都存在这样一个认知误区，认为在宝宝刚出生的那段时间里，除了吃奶就是睡觉，还需要这么注意吗？当然了，**哺乳期的宝宝虽然不会表达自己的情绪，但是他能感知到外部环境，感受到是否安全，这是所有动物的本能。**

姐姐的宝宝是早产，这彻底打乱了她原来的计划。出院后，丈夫为了让她好好坐月子，原本想要定一个金牌月嫂，但无奈的是，金牌月嫂没有时间，在家政公司的协调下，找了一个相对有带娃经验的保姆来照顾孩子。

最开始，妞妞总是觉得很累，为了保证她的睡眠时间，丈夫就让保姆带着孩子去儿童房，妻子在主卧。但没想到的是，孩子总是哭闹，就连喂奶的时候都不安生，常常会把奶水吐得到处都是。

妞妞很着急，也提出要把孩子抱回来。但她的身体太虚弱了，丈夫怕她恢复不好，伤元气，就劝她说，月子里什么都不要想，照顾好自己。

妞妞听着孩子的哭声，非常心疼，就给原本定下的金牌月嫂打电话，希望她能早点离开现在的这家雇主，来自己家。金牌月嫂就问她出了什么事。妞妞一五一十地讲给了月嫂听。月嫂说："这不叫事儿，你把孩子抱到自己屋里，别天天抱在怀里，就让他在旁边躺着睡觉，吃奶的时候，让保姆抱着吃，吃完了再放到你身边。过几天，孩子的哭闹缓解了，就让他睡婴儿床，把婴儿床放在你们夫妻俩的床边就行。"

妞妞就把月嫂的建议说给丈夫听，丈夫就照着做了。神奇的是，自从孩子睡在母亲身边之后，他几乎不怎么哭闹了。原本妞妞还以为孩子是高需求宝宝，还在暗自发愁呢，没想到孩子这么乖。

有研究表明，0到3岁的孩子，虽然自我意识尚未形成，但他也会通过哇哇大哭、哼哼唧唧地哭来表达自己的情感需求。如果父母不能及时给予关注和反馈，孩子内心的安全感就会一点点流失。这种伤害是不可逆转的，也不能弥补。因此，父母应该抓住这个时期，为孩子良好性格的培养打下基础。

牙牙学语时，要培养表达能力

1 到 3 岁是孩子学习语言的黄金阶段。**学习语言，并不只是教他说话这么简单，除了让孩子学会日常用语之外，还要培养他的表达能力。**这对孩子的成长是至关重要的。

孩子的表达能力和成人的表达能力有很大的区别，成人的表达能力主要是指说话的技巧和艺术，而孩子的表达能力是指言之有物，语法正确。中国的文字是一个字代表一个意思，两个字代表另一个意思，还有很多语法上的讲究，如何让这个阶段的孩子学会说话呢？

耐心倾听，不要露出不耐烦的表情

小孩说话时有一个特别明显的特点，说话是一个字一个字地往外蹦，他们可以很容易地模仿发音，但明白内容和发音之间的联系需要时间和锻炼。因此，父母教孩子说话的时候，相对比较容易，但如果孩子自己说话，就会磕磕巴巴的，还会出现突然卡住，想半天才能说出下一句话的情况。

很多父母刚开始还有耐心，但时间长了，孩子说话总是一个字一个字地蹦出来，就会着急，孩子是什么意思呢，怎么就说不明白呢？这么想着，脸上也不由自主地表现出不耐烦、皱眉等表情。这些表情被孩子看到，父母可能不太在意，但是别看孩子年龄小，他们这时候对情绪的感知却是非常敏感的，稍微的一点动作，孩子看到后就不敢开口了。

我们常常能看到，有很多表达能力强、像个小话痨似的孩子，他的父母和长辈一定是很有耐心的人，也是愿意和小朋友对话的人。试想一下，一个孩子如果只能和空气对话，或者是说话的对象很敷衍，不给他正面的回应，他还会有兴趣不断地说下去吗？肯定不愿意了。如果他说话的时候，总是有人听，偶尔还会逗逗他，他觉得高兴了、有成就感了，自然就愿意开发这个能力，越说越好，越好越说，表达能力锻炼出来后，理解能力也会有所提高。

很多父母对幼儿的教育存在诸多误区，其中一条就是"他那么小，能懂什么"。但实际上，小孩子懂的事情非常多。他能看懂父母的表情究竟是高兴还是不高兴，对自己的行为究竟是鼓励还是厌烦，他会根据父母的反馈修正自己的行为。但这种修正不是以行为本身的对错为标尺，而是以父母的喜好为标尺。

如果你不相信，可以想一下自己小时候：你有没有过这样的经历，自己满心欢喜做一件事情，突然看到母亲皱了一下眉，就立刻停下了动作，生怕自己的行为被母亲责备。或许你已经不记得那件事情是什么了，也不记得自己当时几岁，但你一定记得母亲皱眉的表情，也会记得当时那个瞬间的心慌。因此，即便孩子说话磕磕巴巴，也不要露出不耐烦的神情，而是给予足够的耐心，用眼神、笑容鼓励他，说下去，宝贝，我会好好听！

不要抢话，让孩子完整地表达清楚

在商场里，小孩子特别兴奋地对妈妈说："妈妈，这里，好玩，我喜欢。"妈妈问："你喜欢什么啊？"小孩高兴地说："大，好看，亮的，漂亮。有那个……那个……"孩子说着说着，突然卡壳了。妈妈就接话道："对，这里有特别好看的灯，还有很多毛绒玩具，是不是特别好啊？"小孩摆摆手，说："不是，有那个……特别大的……"妈妈又接口说："特别大？哦，这里特别大，是咱们家附近最大的购物中心了。"小孩急得不行，指着门口说："那个，我喜欢，大大的。"妈妈接了好几次话，都没说对，也就失去了兴趣，很敷衍地说："大大的，你喜欢就好。"孩子看妈妈没有再接下去，也只好不再说了。

孩子在说话的时候，特别容易词不达意，因为他们掌握的词汇很有限，能够连在一起说的也很有限，所以说话的时候有种说一半藏一半的感觉。但这个时候，**父母要克制住自己接话茬的冲动，一**

定要让孩子完整地表达出来，然后再给孩子反馈。

父母抢话，一种是说到了点上，孩子会有一瞬间的高兴，但同时他失去了一次锻炼表达能力的机会，之后他会特别依赖让父母猜测自己的意图。另一种是说不到点上，孩子会很着急，觉得父母怎么理解不到我的意思呢，越着急就越说不好，最后就只好放弃了。

那么，孩子在牙牙学语时，父母应该如何培养他们的表达能力呢？

首先，要让孩子掌握更多的词汇，先从单词开始。比如，指着某个物品问孩子这是什么，让孩子自己想、自己说，这样他的大脑里就建立起了联系：苹果是圆圆的、红红的，电视机是方方正正挂在墙上的。

其次，要让孩子理解句子的组成部分。这就涉及了简单的语文知识，主语、谓语、宾语，组成一句简单的话，而不是靠词汇颠三倒四地组合。

最后，要让孩子说更多的话，通过说话时及时纠正，来解决他们因为不知道语法而造成的语序或者逻辑错误。蜡笔小新回家时总会说"你回来了"，他的妈妈就会纠正他，要说"我回来了"。如果不及时纠正，他很可能会一直错下去。

在外探索时，鼓励孩子保持好奇

3岁以上的孩子，就已经不再满足于在家里玩耍了，更渴望去外面更广阔的天地，见识更多新鲜的事物。最明显的行为是：他们不愿意回家，喜欢在外面，哪怕小区里已经没有其他小朋友了，他们也愿意在外面看看花、看看草、看看来往的汽车，也会觉得特别开心。

孩子向往外面的根本原因在于，从这个阶段开始，他们会对新鲜事物产生强烈的好奇心，会不停地问家人：这是什么，那是什么。和之前提到的天马行空的提问不同，这时候的提问往往更具象化，更偏向于认识具体事物。因此，当孩子到了这个阶段，父母要有意识地鼓励孩子对事物保持好奇。

保持好奇心，才能有更强烈的探索欲

好奇心可以说是人类的本能。当你对一个事物充满好奇的时候，你就会想要了解清楚，这是什么，它为什么会变成这样，其中的原理是什么，等等。比如，小孩子第一次看到彩虹，觉得特别漂亮，就会想，为什么天空中会有这么漂亮的东西呢，它是怎么形成的呢，为什么平时看不到，只能在雨后看到呢？根据这个好奇心，家长可以用肥皂水吹泡泡，对着太阳就能看到彩虹，然后再给他讲解彩虹的形成原理。

再比如，小孩子喜欢在小区里看各种花花草草，就会想，为什么草是绿色的，花的颜色就特别多，有红的、黄的、白的，这是什么原因呢？家长可以给他讲什么叫叶绿素，什么是光合作用。

可以这样说，好奇心就是激发孩子学习内驱力的真正动力。他的好奇心越旺盛，就会问越多的"为什么"，找到答案了，就掌握了更多的知识，找不到答案，也会激发他不断探索的求知欲。

曾经有一档综艺节目，节目组为了让嘉宾可以动手完成 3D 建模的工作，就给他们找来了一位"导师"。众人都以为，"导师"肯定是业内大佬，让人大跌眼镜的是，这位"导师"是一个 13 岁的小男孩。

嘉宾们以为这是节目组在恶搞，等他们看到导师的履历之后都佩服得五体投地。别看他只有 13 岁，已经参加了很多与这个项目相关的比赛，并且几乎都得过奖。小男孩看出嘉宾们的质疑，直接坐在电脑前熟练地操作起来，很快就完成了建模。

嘉宾们就询问导师，这么小的年纪就如此了得，是怎么做到的？小孩很淡定地说："我爸爸就是干这行的，从小就看他工作，觉得特有意思，于是就自己翻书琢磨，看不懂就问我爸。其实这种工作还是技术问题，技术水平达到了，就特别简单，我现在在研究另一个方向了，要把 3D 建模运用到实际工程里……"

一个年仅 13 岁的小孩，就已经熟练掌握了成年人才具备的技术能力，靠的是什么？有的观众评论说，因为他爸爸正好从事这个职业，所以近水楼台先得月。实际上，根本原因是他有兴趣、有探索欲，如果仅靠父母的强迫，他很难取得现在这样的成绩。

那么，应该怎么激发孩子的好奇心和探索欲呢？

首先，不要阻止孩子问为什么。很多家长在被孩子问烦了之后，都会说"自己去玩吧，我很忙"，又或者"没看见我正在洗衣服吗，去找你爸爸"。次数多了，孩子的好奇心得不到满足，反而被父母训斥，也就不再问了。

其次，在回答时增加乐趣。孩子问问题，你可以故意不说答案，让他自己去想，也可以玩"你问我答"的游戏。他提问，你回答，然后你再提问，让他开动脑筋。这样一来，既能激发孩子的思考，还能改善亲子关系。

最后，回答问题不要附加负面评论。孩子提出的问题千奇百怪，可能有特别幼稚的，可能有现实中不存在的，父母不知道就说不知道，但不要随便评论孩子提出的问题。比如，孩子问："我能变身成动物吗？"父母特别不耐烦地说："你是不是缺心眼，还变身成动物，赶紧去学习。"孩子接收到的信息是：爸妈说我的问题太缺心眼了。之后，他会因为担心自己会被父母说是"缺心眼"，就不敢再问了，孩子的好奇心和探索欲就这样被一次次的负面评论给扼杀了。

帮助孩子，找到他真正的爱好

你有没有发现，小孩子的思考最开始是没有边界的，想起什么就问什么，然后会逐渐固定在某些范围内。家长应该注意这个特点，**因为这对孩子来说，就是某个学科的启蒙过程。**

有的孩子会对小动物特别感兴趣，会问："为什么猫生下来的就是猫，不能生出狗狗呢？""为什么有的动物要成群结队地生活？""为什么老虎叫大猫？"这就表示他对生物、进化论等问题特别感兴趣，可以带着孩子去自然博物馆、动物园等地方增长见识。

有的孩子对天空特别感兴趣，天天问"有没有外星人""未解之谜"等方面的问题，那就代表他更喜欢天文学，可以多去天文馆增长见识。

可能有的家长会说，那坏了，我的孩子就对玩具感兴趣。没关系，益智类玩具也分很多种类，家长不用急着得出结论，可以根据孩子的喜好进行有针对性地教育。

比如，孩子喜欢拼乐高，乐高也有很多分类，有可能他是对怎么搭建房屋感兴趣，那就可以带着他去看看故宫等古建筑，玩玩孔明锁。

在孩子思考的过程里，父母应根据他的喜好及时调整，帮助他找到自己最感兴趣的内容并进行开发，就可以形成爱好了。

很多家长总认为，要给孩子增加一些课外活动，先把所有的兴趣班都体验一遍，然后送孩子去学习，没兴趣了再换另一个。这种方式既费时又费力，还费钱，甚至到最后消耗了孩子所有的热情，让他变得对什么都没兴趣了。倒不如多关注一下孩子的兴趣在哪里，他更愿意去思考哪个方面的问题，这样做，孩子也得到了快乐，家长也不会觉得辛苦。

黄金敏感期，上天赐予成长的礼物

你听说过"黄金敏感期"吗？它是近几年儿童教育领域提出的概念，是指在特定的年龄段里，孩子会对某种行为、技能产生特别强烈的兴趣和学习能力，如果善于引导和刺激，就可以最大限度地开发孩子的潜能，促进他的发展。值得一提的是，黄金敏感期没有重复性，是不可弥补的。

在正确的时间里，做正确的事情

首先，简单地介绍一下婴幼儿各个月龄和年龄段里，黄金敏感期主要指的是什么。

0~6个月，是视觉敏感期。婴儿刚出生后，最先发育的是视觉神经，此时是视力发育的重要时期。

4~7个月，是味觉敏感期。这个阶段的婴儿开始能够品尝出酸、甜、咸等味道，但不建议家长过早让他们摄入调味品。

6~12个月，是婴儿手部敏感期。这个阶段的孩子特别喜欢抓住某个东西不放，又或者是抓住了扔出去，但抓不住就哭。这都是因为他们需要通过双手的触碰来探索外部环境。

1.5~3岁，是幼儿语言敏感期。在这一年半里，孩子开始学习说话，从不熟练到慢慢熟练，而且还特别喜欢模仿家长说话。

1.5~4岁，是幼儿细微事物敏感期。这个阶段里，每个孩子的表现都不太一样。相同的是，他们会对很多大人注意不到的细节感兴趣，比如，观察蚂蚁搬家，大概率就是发生在这个时间段。不同的是，每个孩子感兴趣的具体事情不太一样，需要家长多多观察。

除此之外，还有很多其他方面的敏感期，但因为生长发育快慢的不同，不能用统一的时间段来归纳。比如，性别敏感期，孩子在上幼儿园之后的某段时间里，会对异性的身体产生兴趣，会思考"为什么我们俩长得不一样""为什么男生和女生不在一起上厕所""为什么男生站着嘘嘘"。其实，这就是向家长释放性启蒙教育的信号，父母可以借着这个机会，向孩子科普一些基础的性教育常识。

再比如，有的小姑娘在某个阶段里特别喜欢模仿妈妈化妆，穿上妈妈的高跟鞋，抹上妈妈的口红，然后在镜子前，觉得真漂亮。有的父母会说，小姑娘家的，怎么这么臭美。实际上，这是容貌敏感期，是女孩独有的发现美的能力的时期。有的妈妈会特别粗暴地打断孩子，说："你怎么又来捣乱，还把我的口红弄坏了！你瞧瞧你这张脸，化得像个猴屁股，赶紧给我洗干净去！"千万别这样，小女孩开始关注容貌是建立正确的审美观的信号，具体应该怎么做，在后文中会说得更详细。

想做好父母，就必须了解孩子生长发育的规律

孩子的生长发育是很客观的事情，不以人的意志为转移，但同时，孩子整个生长发育的重点是能够进行人为主观干预的。可能很多人看到这里会觉得奇怪，怎么又客观又主观呢？说它客观，是因为生长本身不会停下来等你做好准备，说它主观，是因为家长可以根据孩子的表现进行科学干预。

举个简单的例子，孩子在语言敏感期阶段，家长可以通过和他交流来培养他的表达能力，如果父母的英语水平高，可以开始让孩子学习英语。很多双语幼儿园就是利用语言敏感期，让小孩子从小就开始接触英语，了解英语，背诵英文单词，长大后他们的英语水平会比上学后才开始学习英语的孩子高。这里所说的英语水平并不是英语考试成绩，而是口语、语感等。

如果父母不知道"黄金敏感期"，就等于错过了让孩子快速发展某种能力的时机。

还是以语言敏感期为例，有的小孩子从小就是个"话痨"，

即便说话都不利索，也要不停地发出音节。如果父母充分利用这个敏感期，能把孩子培养成什么样子呢？

之前，平台上有一个两三岁的孩子背诵古诗词的视频特别火。孩子特别小，但母亲随口说出一句诗词，他就能顺利地接出下一句。母亲说"离离原上草"，孩子就接"一岁一枯荣"，母亲说"醉里挑灯看剑"，孩子就接"梦回吹角连营"。

很多网友都特别吃惊，这么小的孩子啊，就有这么大的诗词储备量，纷纷要求孩子的母亲分享教育经验。这位母亲也很坦诚，她说，是因为自己平时特别喜欢古诗词，没事的时候会朗读几首，发现孩子特别喜欢朗诵诗词的语调，就讲给孩子听，让孩子跟着自己学。听得多了，学得多了，就记住了。但实际上，孩子并不理解古诗词里的那些比较深奥的含义，他只会背诵。

这就是在语言敏感期内，充分锻炼孩子的语言能力、模仿能力，并且开发出了记忆力。虽然这个孩子年纪太小，还不能懂得诗词背后的含义，但这些诗词会牢牢地记在他的脑子里。等长大之后，他也会慢慢理解诗词的意思，形成自己的见解。

孩子的教育是一门学问，父母要做的是，在客观发育的前提下进行主观的提升，从而达到事半功倍的效果。

不要拔苗助长，而要静待花开

在教育子女的问题上，很多家长都犯过这样一个错误——拔苗助长。当孩子开始学会说第一个字的时候，父母就想要让孩子和别人侃侃而谈了；当孩子刚开始上小学时，父母就想让孩子考取好成绩；当孩子刚表现出一点兴趣爱好，父母就已经开始想到让孩子去考级、去参加比赛了……可能有人会问，这不是美好的想象吗？的确，这只是想象，但有些家长会被这种想象所裹挟，对孩子进行拔苗助长式的教育。

兴趣爱好，只是锦上添花

每个小孩子都会有自己的闪光点，有的孩子表现在肢体协调能力上，有的孩子表现在拥有极高的乐感上，有的孩子表现在擅长某个体育项目上。于是，父母开始安排孩子在自己擅长的领域里进行专业学习，希望孩子去参加比赛、去获奖。

　　父母的意愿是为了让孩子钻研兴趣爱好吗？不是，是为了能够在高考的时候加分，或者是为了直接参加特招。父母的想法很简单，也很功利，兴趣爱好不能白白浪费，要让孩子能够从中获利。

　　很多青少年宫、图书馆会成立各种兴趣小组、爱好小组，目的在于开发校外教育。有的家长把孩子送过来的目的是有人看着孩子，顺便让孩子找到自己感兴趣的活动，参与一下；有的家长则会询问孩子对哪个小组感兴趣，很有目标地进行培养；也有的家长属于"全面撒网，重点培养"，想要通过试一试的方法找到最适合孩子的；最后一种家长，在参加活动之前，就找到老师询问，哪个小组参加后会有市区的比赛。

　　小宇特别喜欢天文学，所以来到青少年宫参加科技小组，可以通过望远镜仔细观测星空。小宇妈妈对天文学没什么理解，就跑去问老师："这个有比赛吗？是市区级别的吗？对今后的升学有加分吗？"老师不愿意给孩子灌输"兴趣爱好＝参加比赛＝升学加分"这种太过功利的学习思想，并没有正面回答。但小宇母亲并未放弃，换了个问法："这个能和什么学科挂钩？"老师最后只好说："物理学、化学、天文学都和这些有联系。"小宇妈妈听了之后，终于同意让小宇参加天文学小组，离开前，还特意嘱咐道："好好学啊，学好数理化，走遍天下都不怕。"

　　在孩子的眼里，兴趣爱好就是兴趣爱好，是为了满足自己的喜好而进行的学习，没有其他的目的。在父母的眼里，兴趣爱好必须能够提高学习成绩，或是对升学有加分，否则就是在耽误时间。这是一个非常大的误区，也是足以影响孩子学习的错误认知。

家长要明白，各个学科都是融会贯通的。孩子通过学习各个学科，要掌握的不仅仅是课本上的知识点，更是学习能力、各个学科的基本逻辑，学会这些之后，其他学科一通百通。父母为什么那么急于求成呢？要知道，欲速则不达，如果加入兴趣小组只是为了考试加分，那为什么国家还要开展素质教育呢？

摆正自己的心态，不要过分高估"兴趣小组"的作用和功能，也不要过分强调功利性的学习目的，别把自己的孩子培养成只会考试的"书呆子"。

千万别幻想自己的孩子是神童

过去有一段时间，媒体特别喜欢挖掘"神童"。比如，小学生做高考试卷获得高分；连跳两级，仍然是年级第一；"数学天才"某某某，首次参加奥林匹克数学竞赛竟然能夺冠！很多家长看到这些新闻后，都开始让自己的孩子去参加测试，希望孩子就是"神童"。

"神童"好吗？当然好，至少说明他的智商非常高，人非常聪明。希望孩子是神童，好吗？不好，说明父母在对待子女教育的问题上的态度出现了问题。

新闻上曾经报道过这样一件事：十岁神童小张考上大学！一

时间，小张和他的父亲都成为风云人物。实际上，小张同学的高考分数并不算高，但对于一个年仅十岁的孩子来说，已经非常厉害了。

然而，小张的爸爸并不满足，他觉得我的儿子是神童，就得比别的孩子更早上大学、更早毕业。小张并不喜欢那所二本大学，还想回去继续学习，但爸爸不同意。小张的班主任也多次劝说，认为小张是考清华的好苗子，别急于求成，让他把基础知识打牢。但小张爸爸已经被所谓的成功冲昏了头脑，逼迫着小张进入了一所二本大学。

在整个大学期间，小张同学和周围的环境格格不入。想来也是，小张只有十岁，周围都是将近二十岁的成年人，没有和他年纪相仿的同龄人，因此他根本就没有朋友，大学期间，除了学习就是学习，他其实很孤独。一位老师很看重小张，觉得他是个人才，不能就这样被埋没，于是利用自己的人脉关系，替小张联系了德国的学校，希望他能出国留学。但小张的爸爸还是不同意，认为儿子走了就是要抛下他，便逼迫他考博士，并且要在 16 岁之前考上，成为中国最年轻的博士。

最终的结果是什么呢？小张的确考上了博士，也成功毕业了，但毕业之后他开始"报复"自己的父亲，整日游手好闲，坚决不找工作。一个原本大有前途的天才，就以这样一种形式回归了平凡……

可能有的读者会说，如果我儿子这么优秀，我怎么可能像他父亲那样呢？实际上，小张同学的"好"成绩就是父亲逼出来的。他很聪明，也肯努力学习，但这份努力不是发自内心的，而是被父亲逼迫的，心不甘情不愿，所以一旦有能力反抗，要么自我放弃，要么放弃对方。小张的父亲把孩子逼成了博士，是他最想看到的结果，也把小张逼成了一个游手好闲的人，收获了他最不想看到的结果。可是，如果换一个方式，让小张在自由的氛围中去学习和做选择，小张的人生也许是另一番景象。

孩子的成长要循序渐进，一步一个脚印，只有这样，才能稳扎稳打，收获自己想要的果实。如果父母抱着"功利心"去看待教育问题，不仅孩子不能摆正学习态度，就连父母都会深受其扰，自食恶果。教育不是一日之功，而是日积月累下的不断滋养，做有智慧的父母，就要尊重孩子成长的轨迹，给予恰当的爱与守护，学会静待花开。

第四篇
听懂孩子的潜台词

大哭大闹，可能是一种情感需要

孩子的哭声几乎是人类最不愿意听到的声音，这是刻在骨子里的不安定因素。早在远古时期，人类就特别害怕孩子哭，因为他的哭声会引来野兽。虽然过去了几万年的时间，却仍然有很多人无法忍受周围出现孩子的啼哭声。

孩子为什么哭呢？很多人第一时间想到的都是生理层面的，实际上，孩子更有可能是因为情感需求得不到满足而哭闹不止。

孩子哭闹，要及时给予反馈

很多人以为，婴幼儿时期的啼哭是因为饿了、渴了、尿了等生理层面上的需求，但实际上，婴幼儿也经常会因为心理层面的需求而哭闹。比如，他感觉到父母离开了这个房间，身边没有了熟悉的气味和心跳声，因为不安而哭闹；他觉得周围出现了陌生人，因为害怕而哭闹；等等。

孩子稍微大一点的时候，他的哭闹背后会有更多的需求。比如，孩子受了委屈却不知道该怎么说明白，只能通过哭闹来表达自己的不满；孩子觉得自己被忽视，不受重视，就会通过哭闹引起家人的关注；孩子觉得无聊，同样也会通过哭闹想要离开这里。还有其他各种相对比较个性化的哭闹原因，就不一一列举了。

作为父母，该如何应对呢？首先，孩子哭了，家长需要立刻去确认，为什么哭，是不是因为身体不适、疼痛、受伤而哭泣。如果不是，家长就可以稍微放缓一点，先探寻孩子哭泣的原因。如果是受了委屈或被忽视，可以把孩子抱进怀里，此时不用追着问"宝贝怎么了"，先用肢体语言给他安慰。如果是因为觉得无聊而哭泣，家长可以通过转移注意力的方式，讲个有趣的小故事、拿一个玩具、打开一个小视频等，缓解孩子的情绪，直到孩子停止哭泣。

当孩子出现哭闹行为时，父母不应该做出以下几种行为：

第一，不要因为孩子的哭闹而乱发脾气。孩子的哭声的确让人心烦意乱，尤其是家长根本不知道他为什么哭的时候，就更着急上火。但家长一定要控制好自己的情绪，只有自己情绪稳定，孩子才能逐渐稳定下来，如果家长急得乱发脾气，孩子只会越哭越凶。

第二，不要因为孩子的哭闹而迁怒别人。有时候，孩子是被别人招哭了，父母只需要安抚自己的孩子就可以了，不要迁怒别人，更不要冲别人嚷嚷。可能有人会说，他把我家孩子都吓哭了，我还不能骂他吗？除非你想让自己的孩子学会用这种招数来达到自己的目的。孩子其实是很聪明的，如果有一次别人把他招哭了，父母替他撑腰和别人吵架，以后他就会变得恃宠而骄。

第三，适当地让孩子哭，可以发泄他的负面情绪。小孩子也会有负面情绪，如果他的哭泣只是在发泄，家长可以让他先哭一会儿再去关心他、安慰他。尤其是孩子特意背着你哭泣的时候，父母可以装作看不见，维护一下孩子的自尊。

真的不合理，就千万别妥协

孩子的哭闹有很多时候并不合理，可能是需求过高，最常见的就是在商场里孩子边哭边嚷嚷要什么玩具，不给买就不走。也可能是他因为不能理解某些现象而哭闹，最常见的是父母拿出东西和其他朋友分享，他哭着说"为什么要和他们分享，我不同意"。这种哭闹行为，父母坚决不能纵容。

在网络上有一个视频集锦特别火，叫"90后父母整顿孩子"。

场景一：孩子在商场里大哭大闹，要父母给他买新玩具，父母对视一眼，就把孩子落在角落里，放任他大哭。在孩子哭的时候，父母还不忘比个心，最终孩子觉得哭闹达不到目的，只好灰溜溜地跟在父母后面离开了。

场景二：孩子不想去幼儿园，站在幼儿园门口边哭边闹，幼儿园老师也走过来劝孩子赶紧进去，但孩子就是不听。就在这时，妈妈冲着老师眨了眨眼睛，说："老师，既然他不愿意进去，那我替他上幼儿园，让他替我去上班吧。"然后，妈妈把手里的包交给孩子说，"那你替我上班去吧，正好我今天歇一天。加油哦！"当妈妈刚刚踏入幼儿园的大门,孩子就哭着跑进来说:"我愿意去幼儿园,我不要去上班。"

场景三:小孩在超市里想要拿零食,爸爸不同意,小孩刚要哭,爸爸立刻转头就跑。小孩直接蒙了,反应过来后就在爸爸屁股后面追。父子俩在超市里玩起了"警察抓小偷"。

这些视频里几乎都是父母在面对孩子不合理要求时,采取了出人意料的应对方法,因为不符合孩子的预期,他们很快就停止了哭闹。

要知道,孩子哭闹有一部分是真的因为难过了、情绪低落了,也有很大一部分是想迫使父母妥协而进行的。比如,他想要玩具,但这个月已经买过了,他心里也知道,所以通过在公众场合里哭闹的方式逼迫父母同意。如果第一次父母同意了,他的心里就会认定"哭闹=父母同意",后面只要遇到类似的场景,孩子就会像路径依赖一样,采用同样的方式。面对这样的情况,父母切记,不要因为心软或心烦就同意。

重复再重复，不要随意打断他

你有没有发现，有的小孩能够在某件小事上反反复复地做，家长根本看不懂这种重复性动作有什么意义，就会让孩子停止。比如，有的小孩会拿着两个球来回滚动，或者是重复玩一个玩具，即便身边有其他新玩具，他们也不感兴趣。

儿童心理专家蒙台梭利认为，**孩子通过自发重复，不仅发展了身体机能，而且孩子的精神世界，通过重复的专注，得到圆满的成长**。这是什么意思呢？就是说，孩子通过重复性动作，观察其中的不同，并且乐在其中。

能够不停地重复，说明他很专注

和很多人认为的"小孩子做事，三分钟热度"不同，在对待自己感兴趣的事物上，孩子可以重复重复再重复，甚至重复到家长都感到很厌烦的程度。但是，不要随意打断孩子，因为他的兴趣点和成人的兴趣点不同。

天天特别喜欢在商场里玩摇摇车，就是那种放一首儿歌，摇晃一分钟的儿童游乐设施。最开始，天天妈妈很乐意让孩子玩，但后来，他每次都玩，而且要每一台摇摇车都坐一遍，虽然花不了多少钱，但这个操作妈妈看不懂啊。不过好在时间也不长，花费也不大，天天的妈妈就每次都陪着孩子一辆辆地坐过去。

直到有一天，天天和妈妈又去了商场，天天妈妈拿出换好的零钱说："去吧，你去坐摇摇车吧。"天天却说："不坐了，我都搞明白了。"妈妈觉得奇怪，就问："你搞明白什么了？"天天特别细致地给妈妈解释了原因。商场里一共有九台摇摇车，三层有六台，五层有三台。三层的六台放的音乐都是动画片的歌曲，像《白龙马》《小哪吒》，五层的三台放的都是儿歌，像《找朋友》《辈分歌》。

天天妈妈听了之后觉得很诧异，要知道，孩子坐了那么多次摇摇车，她都陪在身边，但始终没注意过，原来摇摇车的背景音乐是不一样的。于是，她产生了兴趣，继续问："那你还观察到了什么？"

天天又说："三层这里的摇摇车速度比较快，摇晃的幅度比较小，不好玩。五层的摇摇车幅度大，但速度慢，而且时间比三层多半分钟！"

妈妈就问他："那你猜是为什么？"

天天说："我觉得应该是为了让妈妈花钱。三层是儿童专区，时间短是为了赶紧换人，小孩刚玩完是最高兴的时候，肯定想着还要玩别的。五层是吃饭的地方，很多人要排队等着，所以摇摇车多摇半分钟，省得我们等着无聊。"

你是不是从来都没想过，孩子在重复做一件事情的时候，能够思考这么多内容？实际上，孩子专注地、重复地做一件事情，恰恰说明他正在努力思考。就像成年人喜欢玩"找不同"一样，他们就是在一遍遍的重复里找到规律和不同，然后引发思考。

不要打断他的重复，还要给他创造重复的空间

在生活里，最常见的重复就是孩子会要求父母讲同一个故事，甚至熟悉到父母的停顿和用词差别，他都能立刻指出来的程度。孩子为什么还要听呢？他在思考，但是因为孩子思考的速度比较慢，可能每次只能思考和理解其中的某一部分。

就拿《灰姑娘》这个故事举例，可能孩子第一遍听的时候，只能理解前面灰姑娘被继母和两个姐姐虐待的部分，第二次听就会同情灰姑娘的遭遇，第三次听会明白王子举办舞会是什么意思，第四次听可能会想明白，王子为什么凭借一只水晶鞋就能找到灰姑娘。

在一遍遍听故事、理解故事的过程里，孩子不仅提高了专注力，还提升了理解力、共情力，他们能够走进故事里，感受主人公，在后面听故事、读故事的时候，会越来越熟练，速度也会越来越快。

除了精神上的重复之外，还有动作上的重复。比如，孩子喜欢把门打开再关上，然后再打开。当孩子在一遍又一遍重复同一个动作时，不仅能够一次次地用不同的视角去认识事物，还能够在这个

过程中进行更全面的思考。

除此之外，还有一点也很重要，那就是培养他的意志力。试想一下，如果让一个成年人不停地重复同一个动作，相信用不了几次他就会放弃。孩子能够坚持，说明他的意志力正在提升，这样做，既可以控制事物，也可以控制自己的行为，从而为形成坚韧的意志力打下基础。

父母应该认识到，孩子的重复不是毫无意义的动作，而是他人生的体验和自身的成长。为了让孩子有更多的机会去体验、去成长，父母应该主动给孩子创造充分的条件。

还是以"讲同一个故事"为例，父母在讲故事的时候，可以增加一些语调的变化，和孩子进行互动，邀请孩子一起进行角色扮演，这样一来，重复也变得更加有趣，孩子就更愿意重复。

他的小秘密，不要随意说出去

孩子都有很强的分享欲，当他和爸爸妈妈说了自己心里的小秘密，然后会特意强调："一定要保密哦，我是信任你才说的，你发誓，绝对不会说出去！"

这些小秘密都是孩子认为很重要，但家长听后往往一笑而过的小事情。比如，小孩对妈妈说，爸爸那天去喝酒，喝醉了之后，他为了"惩罚"爸爸，故意给爸爸端了一杯醋。但是，如果孩子很郑重地说，你要替他保密，就说明他很在意，为了不辜负孩子的信任，父母必须做到绝对保密。

分享秘密，代表孩子的信任，莫辜负

很多父母总是认为，小孩子家家的，能有什么心事，能有什么秘密？实际上，一个孩子的精神世界是否充盈，看的就是这些不被家长所重视的心事和秘密。尽管他们年纪小，但这些心事和小秘密就是心头好。

当孩子愿意和父母分享自己的小秘密、小心思的时候，释放的是孩子对父母的信任、在意。但让人遗憾的是，大部分家长没能接收到，甚至都没能做到保密的承诺。

明朗特别喜欢和表姐玩，每次表姐来家里做客的时候，明朗都特别乖巧懂事，做姐姐的跟屁虫。就连爸爸妈妈和小姨姨父都说，两个人不像是表姐弟，更像是亲姐弟。

有一天，明朗的表姐离开后，明朗跑过去和妈妈说："妈妈，我跟你说，刚才表姐跟我说，过两天是外婆的生日，我们俩要给外婆买一份礼物。你别跟外婆说哦，这是我和表姐的秘密，我只偷偷告诉你了。"妈妈说："放心吧，那你们准备买什么啊？"明朗摇摇头，说："表姐去买，我们俩把攒下来的零花钱整理了一下，有好几百呢。不知道表姐会买什么。"

等到外婆生日那一天，明朗和表姐拿着生日礼物，满心期待地送给外婆。外婆说："哎呀，买什么礼物啊，给你们零花钱是为了让你们买好吃的，买学习用品的。那天你妈妈跟我说的时候，我就说了，别给我买生日礼物，我一个老太婆了……"

原来，妈妈早就和外婆说过了，明朗和表姐要给她买一份生日礼物，长辈肯定舍不得让小辈给自己花钱。妈妈就是怕外婆说话会打击两个孩子的积极性，才特意提前叮嘱。没想到，外婆压根儿就没记住。

表姐年龄稍微大一点，一下子就听出了外婆早就知道有生日礼物这件事，那肯定就是明朗说出去的。她很生气地问："明朗，我不是让你保密的吗？你怎么什么都和大姨说啊。"明朗也觉得很委屈，冲着妈妈发脾气说："妈妈，你怎么什么都和外婆说啊？以后我什么都不和你说了！"好好的一场寿宴，结果大家都过得不开心。

孩子和父母说的秘密，如果父母不小心说了出去，最后又被孩子发现了，就很有可能失去孩子的信任。就像案例中的明朗一样，明朗妈妈最了解自己的母亲，生怕老人家因为舍不得而影响气氛，所以才提前给母亲打好预防针，没想到却搞砸了。但明朗不能理解妈妈的良苦用心，只知道是妈妈没有遵守承诺，原本信任自己的表姐也很失望，所以才会对妈妈说"以后我什么都不和你说了"。

不愿意分享秘密，说明孩子有自己的小天地，别探究

很多人在学生时代都会写日记，现如今的小孩更流行写手账。日记也好，手账也罢，都是记录生活点滴、抒发情感的"小天地"。等长大之后再回头看，别有一番滋味。

然而，日记也会成为亲子关系中的矛盾，为什么呢？有很多父母都"偷看"过孩子的日记，并且露馅了。孩子很生气，认为父母侵犯了自己的隐私，父母也很生气，就看看你写了什么，怎么还能算到侵犯隐私上呢？

在孩子心里，日记是什么？是孩子心里的秘密，是他不愿意拿出来与任何人分享的小心思。这里所说的任何人包括亲朋好友，更包括父母。既然孩子不愿意，父母就应该尊重孩子的意愿。

在父母眼中，日记是什么？肯定是孩子现在有心事了，和父母生分了，我得看看，万一学坏了呢，万一早恋了呢？

某部文学作品里有这样一段情节描写，正在上高中的女孩有一个带锁的笔记本，她每天都把笔记本放在自己的枕头底下，不给父母看。她越是这样，父母就越好奇，特别想知道里面写了什么。

有一天，女孩外出给同学过生日，父母觉得这是一个好机会，就准备"撬锁"打开笔记本。结果还没等他们撬开呢，女孩回

家取东西，正好看到父母的举动。她特别生气，一边掏出钥匙一边对父母喊道："你们这么好奇，那就看！看个够！"说完，她转身就跑了。

父母打开笔记本一看，里面其实没有任何关于早恋的话题，大部分都是看书的摘抄、生活的感悟，也包括看到父母这么辛苦，作为女儿很心疼……

父母是从什么时候开始失去孩子的信任的？就是从一次次不尊重孩子的意愿开始的。大到偷看日记，小到不信守诺言。可能在父母看来，这些都不叫事儿。然而，在孩子心里，那些代表着他的精神家园，既然孩子不愿意和家长分享，家长就应该有分寸、有边界感地给他保留一块独属于他的小天地。

孩子"人来疯"，是他的内心在求关注

什么是"人来疯"呢？是指人越多，他的表现欲望就越强烈。这种情况在孩子身上特别常见。比如，每逢佳节，家人聚会的时候，

有些小孩子就表现得过分活跃，愿意当众展示自己的小才艺。如果父母不给他提供这个机会，他会自己想办法吸引别人的注意。如果亲朋好友稍微喝个彩，他就更兴奋了。

有的父母会觉得，我家孩子真厉害，不怯场，会鼓励孩子的行为；有的父母会认为，我明明在家里和孩子说了很多"规矩"，结果忘得一干二净，真是丢脸。

其实，家长不应该鼓励"人来疯"的行为，但也不需要强硬制止。**"人来疯"的本质和心理学领域中的"表演型人格"有些类似，但更侧重于求关注，说明孩子平时得到的关注度不够。**

别太在意旁人的评价，要以孩子的感受为主

小明是一个特别安静、懂事的孩子，平时被爸爸妈妈带着去公共场合，只要是父母强调的规则，他都能遵守。

过春节的时候，全家人都要聚在爷爷奶奶家吃团圆饭。爷爷很开心地说："今天人齐全，祝大家春节快乐，咱们一家人乐呵乐呵。"小明的表哥小涛说："我祝爷爷奶奶身体健康，长命百岁。"爷爷奶奶很开心，从兜里掏出一个大红包递给小涛。小明没有小涛那么会说话，就站起来说："爷爷奶奶过年好。"爷爷奶奶当然知道孩子的品行，也很开心地掏出一个大红包。

没想到，一个来串门的远房亲戚小声说："这孩子怎么这么不爱说话啊，连句祝福语都不会说？"

碍于亲戚的面子，小明的父母、爷爷奶奶都假装没听见。小

明却站出来说："阿姨，您怎么这么不懂事啊，我这是在衬托小涛哥哥啊。祝福语谁不会说？您听。我祝您一帆风顺，二龙戏珠，三阳开泰，四季平安，五福临门，六六大顺，七星高照，八方来财，九九顺意，十全十美。"小明刚说完，其他亲戚就忍不住鼓起掌来。小明又说："叔叔阿姨，红包拿来。"

　　远房亲戚也被逗乐了，说："好家伙，这小孩，平时相声没少听吧。得，祝福收了，红包您拿好。"

　　被评价为"人来疯"的孩子在平时往往都很安静，甚至有点不受重视，尤其是在大家族里，可能不怎么受宠，一旦受了一点刺激，就会暴发出来。就像故事里的小明一样，当别人"挑事儿"的时候，他就像是被激怒了一样，通过表现自己来堵住对方的嘴。

　　如果是这种情况下的"人来疯"，家长不用第一时间就出来制止。因为孩子内心的负面情绪得不到缓解，心情反而会越来越沉重。

反省一下，平时是不是很少关注孩子

　　什么样的孩子会突然"人来疯"呢？答案是不被重视的孩子。或许这样说有点扎心，但儿童心理学家曾经研究过，**在公共场合里能应对自如的孩子，往往平时得到关注较多，因而内心平稳；而在公共场合里表现欲强，极度渴望成为"焦点"的孩子，多数是平时得到的关注很少。**

　　或许父母都会觉得奇怪，自家孩子平时很听话、很乖，怎么一到了人多的场合就会陷入异常兴奋的状态，要么做鬼脸，要么出怪声。想要解决这个问题，家长必须对症下药。

这一类孩子的表现欲望处于"压抑"状态。比如，平时父母都在忙工作，没什么时间带孩子外出旅游，所以一到了人多的环境，孩子就想表现一下自己，吸引大家的注意。父母越是制止，他们越会觉得有表现的必要。其实，"人来疯"的行为更多的是一种情绪上的宣泄，暗示着他需要别人给他更多的关注！

那么，父母应该如何应对"人来疯"的行为呢？

首先，家长需要反思一下，平时是不是不够关注孩子。有些孩子平时得不到关注，父母把他交给电视和玩具，孩子很少见陌生人，所以见到客人或者到了陌生环境会很新奇。父母要多陪伴孩子，进入孩子的世界中，和孩子一起唱歌、做运动、玩游戏。孩子得到足够的关注，就不会在人多的场合寻求"补偿性关注"了。节假日父母要经常带孩子出去走走，游公园、逛超市、走亲访友，扩大孩子与外界的接触。孩子经常与陌生人接触，他的感官会得到足够的刺激，当他对陌生人感到习惯时，就不会一见到陌生人就兴奋不已了。

其次，在去公共场所之前，家长要给孩子打好"预防针"。在家里要来客人之前，告诉孩子谁要来、待多久，希望孩子做什么。出门之前，也要给孩子说我们要去哪里、可能会遇到什么人什么事，孩子心里有准备，就不会过于兴奋，表现出异于平时的行为。

再次，家长要给孩子提供"表现"的平台。比如，家里来了客人，父母可别把孩子"晾"在一边，那样的话，孩子会觉得自己被冷落了。可以让孩子一起来招待客人，给客人倒茶、帮忙拿瓜子，或主动安排他给客人表演个小才艺。让孩子参与待客之中，引导孩子合理地表现自己。这样孩子不仅可以感觉到大家都在关注自己，还可以学到如何待人接物。当表现欲得到满足，孩子就比较容易安抚，听从大人的安排。

最后，如果孩子正在进行"人来疯"的行为，家长要合理应对。有些家长会气急败坏地指责孩子，或者是大声批评孩子。在公共场所，或是在陌生人面前，这么做无疑会伤害孩子的自尊心。如果父母觉得孩子的行为已经影响到了其他人，可以直接走到孩子面前，用温和而坚定的态度和语气制止："宝贝，你这样跑来跑去、大喊大叫，我心里很烦躁。"然后给孩子提供几个选择，比如"你是自己坐下来看书还是玩玩具"，以此来转移他的注意力，让他安静下来。

孩子出现"人来疯"行为暗示他这个时候更需要关注和爱，家长千万别误解孩子，也不要过分批评孩子。那样做，只会适得其反，甚至伤害孩子的自尊。

模仿和故意，要用不同的方法应对

如果小朋友说脏话应该怎么办呢？很多家长都有过类似的苦恼，

浩浩才是几岁的小孩，突然就变得脏话连篇，有时候还会说一些不符合年龄的话。

家长说："你知道这话是什么意思吗，就信口开河的。"

孩子说："不知道啊，妈妈，那是什么意思？"

一句话，父母都不知道该如何作答，难道真的要给孩子解释一下吗？

模仿，只需要告诉他，这句话不好

小孩子在进入语言敏感期之后，会重复他们听到的话。如果听到的是唐诗宋词，他们也会跟着念，如果是俚语俗话，他们也会重复。即便是像相声贯口那种有难度的，只要听的次数多，他们也能跟着模仿下来。但他们明白这些话背后的意思吗？短时间内是理解不了的。

姐姐刚刚三岁，平时看电视的时间被严格控制，怕伤害眼睛，但每次家长看电视的时候，她都支棱着耳朵听。有一段时间，姐姐爸爸重温电视剧《亮剑》，剧中李云龙是个糙汉子，台词里有很多粗口，姐姐听到了，就记住了。

有一天，姐姐爸爸正在和同事打电话沟通项目的进度。就听到姐姐爸爸说："老赵啊，这项目多亏了你啊，要不然咱们就全都白忙活了。"姐姐在一旁突然蹦出一句："你他娘的还真是个天才！"

姐姐爸爸觉得很逗，姐姐学李云龙学得还真像。姐姐妈妈却紧张起来，特别严肃地说："妞妞，你从哪儿听来的脏话？小姑娘家的，怎么还能骂人呢？"然后转过头又批评丈夫，"我跟你说让你别什么都看，你看，现在闺女开始说脏话了吧，以后她要是变成一个满嘴脏话的臭丫头，我跟你没完！"

其实，妞妞妈妈的反应有些过度了。年仅三岁的妞妞根本就不知道这句话里哪个字是脏话，妈妈的强调反而让她加深了印象。对爸爸来说更是冤枉，看《亮剑》居然还能被扣上这样一顶帽子。

当孩子无意间说了脏话、浑话，如果他只是在模仿剧中角色的台词，父母不要过度反应，也不要随便批评孩子。正确的做法是什么呢？父母问："宝贝，你是从哪里听来的呀？"孩子会说是看电视或是其他地方听来的，那父母就可以说："宝贝啊，这是一句不好的话，小孩子不应该说，知道吗？"到这里就可以结束了。如果反应过度，或者不断重复，只会让孩子加深印象，今后说的概率反而更大，得不偿失。

故意，要告诉他，这样不对

当孩子度过了语言敏感期之后，会开始逐渐了解语言背后的含义。比如，他们会清楚地知道：什么是脏话，什么是浑话，还有那些不符合年龄层的俚语、俗语。但有的孩子会故意说脏话，用这种方式标榜自己长大了。

诚诚经常在小区里和几个熟悉的小伙伴一起玩耍。有一天，诚诚的爸爸回家时，正好看到诚诚他们坐在凉亭里玩玩具。爸爸没有走过去，就站在远处看着。

诚诚说："这破玩具，真TM的劣质，我稍微一用力就变形了。"

旁边的小伙伴说："得了吧，你好歹还有这个玩具呢，我让老子给我买，他就不买。哇呀呀呀，气煞我也！"然后两个人就假装扮演起某个游戏里的人物打来打去的。

诚诚爸爸听见儿子爆粗口，就走过去叫住他，说该回家吃饭了。在回家的路上，爸爸说："你刚才说脏话了啊，下次别说了。"诚诚自知理亏，点了点头。

又过几天，诚诚和爸爸闹矛盾了，爷俩越说声音越大。突然，诚诚大声说："你TM的怎么就不能让着点我呢？"诚诚爸爸一听，更生气了，也骂道："这小兔崽子，跟我这儿骂脏话，我TM的今天不收拾你，我就不是你老子！"

就在这时，诚诚妈妈走了过来，拦住了他们，说："你们TM的来，TM的去，干什么呢？"然后，她对诚诚说："你，回房间，好好反省自己的错误。"转过头对丈夫说，"你就这么给孩子当榜样啊？"诚诚爸爸特别生气，说："这孩子是故意的，上次我就碰到过他说脏话，我还特意教育了一番，他今天就是故意气我的。"

小孩子和父母产生争执时，会故意用让父母生气的方式来"惩罚"他们。就像诚诚这样，他知道父亲会因为自己说脏话更生气，他就故意这样说。有一点挑衅的意思。尤其是在孩子进入青春期之后，这种行为更普遍。

对于这种行为，就需要家长认真对待了。和前面的无心之过不同，如果孩子是故意而为之，家长就必须明确地告诉他，这样做是不对的，下次若再犯，就会有相应的惩罚措施，比如惩罚他做家务、停发一个月的零花钱等，坚决不能放任。

第五篇

看懂孩子的小心思

性格特点，有时候也会骗人

世界上最了解孩子的人是谁呢？读者朋友可能会说："当然是他的父母。"但是，对于孩子是什么性格，父母不一定能说得准。这句话是什么意思呢？因为孩子也是会隐藏自己的！在父母面前一个样，在外人面前一个样，在朋友面前又是另一个样。

有人会说，这不是很正常吗，每个人都不可能只有一面，肯定是复杂的。但问题的关键点在于，孩子在父母面前隐藏的是哪一面，又为什么要隐藏呢？

家里乖宝宝，外面称霸王

有的孩子在家里是个乖宝宝，父母说什么是什么，爸爸妈妈都觉得，孩子好乖啊，真可爱。等到了外面，孩子立马就变了，和别人玩耍的时候一定要占据上风，坚决不能吃亏。

从性格角度来分析，这样的孩子特别在意父母的评价，愿意在父母面前套上伪装。根本原因在于，**孩子认为：爸爸妈妈只喜欢乖巧的孩子，如果我不是个乖宝宝，爸爸妈妈就不喜欢我了。**

　　某部电影里就有类似的孩子。在学校里，女孩是个没人敢惹的"大姐头"。班级里所有人都有点怕她，稍有一言不合，她便与同学争执起来，即便对方是男孩，她也毫不示弱。可是，她一回到家里，"大姐头"秒变"乖宝宝"。

　　直到有一天，女孩在学校打架，老师给女孩的家长打电话，让他们来学校处理一下。父母听后都惊了，说自家女儿是个好孩子啊，平时在家特别乖。老师很无奈地说："你们这些人是怎么做家长的？在学校里，她除了学习成绩还可以，平时的行事作风和问题少年没什么区别。"

　　在和老师、同学沟通完了之后，父母才知道孩子在学校里的所作所为。回家后，父母特别痛心疾首，问："你平时在我们面前都是伪装的吗？到底哪一面才是真的你啊？"女孩也很崩溃地说："我要是不乖，你们能理我吗？你们还记得我小时候你们是怎么对我的？上幼儿园的时候，别的小朋友抢我的东西，我抢了回来，老师找家长，你们不分青红皂白就打了我一顿，然后跟我说，如果我不乖，就把我扔出去。我敢不乖吗？"

　　很多父母总是强调："你要做个乖宝宝，你乖乖听话，我们就给你奖励。"这种话说多了，孩子会产生错误的认知：如果我不乖，你就不给我奖励，那就是不喜欢我。为了得到父母喜欢，孩子就会装乖巧。到了外面的环境里，周围都是同龄人，孩子就觉得：我能放飞自我，做真正的自己了。

其实，每个孩子在父母和同学面前，都是两副面孔，只要不是相差太多，父母完全不用放在心上。但如果像故事里的女孩一样，就需要父母重视起来，至少要让孩子知道：**"我们喜欢的是你这个人，而不是你的乖巧。"**

平时窝里横，外面小绅士

还有一种性格反差是特别典型的，孩子在家里像个小霸王一样无法无天，在外面却表现得像个小绅士，不争强好胜，懂得谦让，即便自己吃点亏也一笑而过。

从性格角度来分析，这种类型的孩子内心安全感十足，他知道："**家，是可以肆意妄为的地方，我就算再怎么调皮捣蛋，爸爸妈妈都是爱我的。**"

罕罕平时在家里调皮捣蛋，用奶奶的话来评价："这浑小子脾气上来了，家里的金毛都得躲着他走。"足见罕罕在家里有多"嚣张"了。

罕罕上学后，父母就一直特别不放心，生怕孩子把在家里养成的骄纵脾气带到学校去，更怕他和同学产生冲突。结果，等到开家长会的时候，老师一直在表扬罕罕。同桌的爸爸也说："罕罕是个好孩子，特别有礼貌，你们家真是会教育。"

　　父母觉得很奇怪，回家后就问罕罕："你在学校里为什么表现得那么有礼貌、那么乖啊，怎么在家就这么肆意妄为？"罕罕理所当然地说："那当然了，他们又不是我的家人，也不可能包容我，我当然得好好表现，让他们都喜欢我啊。"

　　在家里调皮捣蛋，是因为家里给的安全感十足，孩子知道自己不管做了什么事，父母都会包容，都不会真的生气、动怒，也不会有太严重的惩罚。

　　有的家长会觉得，这就对了，在家里就要做真实的自己，在外面则要好好表现，这孩子真聪明。但这种情况也有例外，孩子在外面的表现不是乖巧，而是"怂""胆怯""畏畏缩缩"，这也说明，在面对不确定的环境时，孩子缺乏勇气，如果是这样，父母就需要及时帮助孩子调整。

🌿 孩子也会粉饰太平

　　在一个健康的家庭里，亲子关系是排在夫妻关系之后的。想要家庭幸福，要先确保夫妻关系的和谐，然后才是亲子关系的和谐。如果夫妻关系很紧张，会严重影响孩子的心理健康。

对一个小孩子来说，他最害怕的是什么？是父母吵架、家庭暴力。有些父母觉得："我们吵架都是关起门来吵的，特意没当着孩子的面。"但这样，孩子就感受不到了吗？父母又说："我看孩子挺正常的啊，没有什么不一样的。"

如果必要的话，其实小孩子特别会粉饰太平，也特别会假装坚强。

假装没看见，假装没听见，但不代表孩子不知道

有时候，父母因为一些事情发生了争吵，第二天一早，夫妻俩很有默契地假装什么都没发生。但是，奇怪的氛围、不交流的眼神都说明：爸爸妈妈不正常，肯定是吵架了。如果这种不正常的状态只有一两天，那就没什么问题，孩子也跟着放轻松了。如果这种不正常的状态一直持续，尽管孩子假装不知道，但他的内心也会受到影响。

有一部讲述中年婚姻危机的电影，内容就是中年夫妻婚姻出现危机，刚刚上初中的女儿是怎么应对的。

中年夫妻的生活日复一日，很是枯燥。几乎所有的婚姻问题在电影里面都有折射，比如，七年之痒、精神出轨、丈夫不作为、母亲控制狂等。刚开始，女儿就假装不知道，每天爸爸下班回家，

妈妈不会主动和爸爸说话，女儿就主动说："爸爸，你看，妈妈知道你爱吃鱼，今天特意做了一条，你赶紧尝尝。"母亲出去买菜，女儿跑到门口，看见妈妈回来赶紧上前接过来，说："妈，你看你刚走多长时间啊，我爸就担心了，非让我出来迎您，怕您买的东西多。"

但是，在父母都去上班之后，女孩才会和自己的同学说出心里话，真累啊！

很多人都会说，孩子是婚姻的纽带。如果夫妻关系出现了问题，孩子就会主动走上前，帮助父母解决问题。

成年人的问题，孩子真的能解决吗？当然不能。首先，夫妻关系出现问题，在孩子的视角里，为了让家庭平稳，他们往往会这边哄两下，那边哄两下，然后爸爸妈妈就能握手言和了，这是孩子能想到的最好的解决方法了。

作为父母，如果一个家庭需要靠孩子粉饰太平来维持关系，这只能说明，夫妻双方都很失职。如果还愿意继续维持婚姻关系，那就让两个成年人站出来好好沟通，解决问题，而不是逃避责任，躲在孩子背后。

假装不在乎，但不代表孩子愿意接受

有很多家庭，父母和孩子并不十分亲密。比如，孩子刚出生的时候，因为种种原因，孩子被送回老家，让爷爷、奶奶或者外公、外婆抚养，父母在大城市里打拼。直到孩子该上学了，父母才把孩子接到身边。这种情况下，孩子很难向父母敞开心扉。

妞妞就是这样一个孩子，小时候在老家当"留守儿童"，每年只能见父母一面。直到妞妞上中学之后，父母才把她接回身边。但是，对妞妞来说，爸爸妈妈只是一个称谓。来到陌生的环境，她感到特别局促，也很害怕。

妞妞的父母知道自己对孩子有所亏欠，特别想要弥补她。但妞妞给人的感觉总是很疏离，还透出不符合年龄的成熟。妈妈问她："闺女，你喜欢什么啊？妈妈带你去买。"妞妞说："不用了，我的东西都带过来了，够用。"爸爸问她："那你喜欢吃什么啊？咱们今天去外面吃，给你接风。"妞妞说："不用了，外面吃太贵了。"

就这样，妞妞和父母在一起别别扭扭地生活。有一天晚上，妞妞和父母一起看电视，电视剧里有一个镜头，是女孩在后面追着汽车，哭着喊"妈妈"。让父母没想到的是，妞妞竟然哭到不能自已。原来，这几年的留守生活里，每次春节假期结束，父母返程时，妞妞都是这样追着汽车跑，直到再也看不见才失落地往家走。

孩子粉饰太平，往往是为了掩藏真正让他感到伤心的事情。并且，这种伤心他很难开口向别人倾诉。

比如，家里有两个小孩的，父母不能做到一碗水端平，不被偏爱的孩子总是在粉饰太平，想要通过这种方式换来父母一点点关爱。又如，自己家庭条件不好，需要在学校申请贫困生补助，尽管他知道在学校里和别人的差距，但如果父母问起来，他就会选择粉饰太平，因为多说无益，只会增加父母的压力。再比如，单亲家庭的孩子，即便生活再艰辛，已经不在一起生活的爸爸/妈妈来探望的时候，也会假装不在意地说："我过得挺好的。"

对于一个小孩来说，粉饰太平的背后，隐藏的是委屈、难堪和自卑。想要改善这种情况，就必须找到根源所在。然而，有些问题不是一时半会儿就能得到解决的，如果解决不了，作为父母，就请给孩子留一份体面吧。

拖延症的背后，往往是逃避

你有没有注意到这样的情况：孩子做事情磨磨蹭蹭，每天做作业到很晚。你以为是因为作业太多了，还跑去和老师沟通，为什么会给孩子留这么多作业？结果老师说，没有啊，现在教育改革，每天给学生留的作业，一般一个小时就能做完了。

于是，你气冲冲地问孩子："你每天晚上都在干什么啊？一个小时的作业，你拖拖拉拉做了三个小时还没做完，今天晚上我看着你做！"等拿出作业本开始准备做作业了，孩子却说想吃水果；吃完水果，写了两笔后，又说渴了；喝完水后，写了两笔，又说想去厕所……

不要强调拖延，要强调抓紧时间

你有没有对孩子说过这样的话："一让你做事情，你就拖拖拉拉的，总是找借口。""每次写作业，都得先往厕所跑，真是懒驴上磨。"如果你说过，那你就会发现，孩子的拖延症越来越严重。原本只是拖延几分钟，然后变成十几分钟，再后来是半个小时……为什么会这样呢？心理暗示和强化作用。孩子会心安理得地认为，既然爸爸妈妈都这么说了，那我再拖延几分钟吧，多看个视频。

如果父母换种说法："宝贝，你已经玩了十分钟了，该学习了吧。你说要劳逸结合，我们同意了，你都安逸了十分钟了，该劳动了哦。"孩子就会想：哦，自己已经玩了十分钟了，行吧，知足了，然后就会开始学习。

为了让孩子抓紧时间学习，家长会采取"坑蒙拐骗"的方式，来和孩子"斗智斗勇"。

场景一：在孩子看小说的时候，父母把家里所有的时钟都调快了半个小时，然后对孩子说："已经过去五十多分钟了，你到底什么时候去写作业啊？"

场景二：和孩子打赌，如果他能够在晚上九点之前写完作业，就能看半个小时的电视，或是玩半个小时的游戏。孩子立刻加快速度，还回头强调："老爸，这可是你说的，为了玩游戏，拼了！"

场景三：制作一个惩罚箱和一个奖励箱，规定孩子在几点之前写完作业，就能在奖励箱里抽取一个小奖励，如果没写完，就得在惩罚箱里抽取一个惩罚。

为了帮助孩子改掉拖延的坏习惯，父母可以采用很多种方式：激励法、奖励法、诱导法……只要管用，并没有任何限制。

但值得注意的是，这里所说的拖延是在学习方面，不包括其他方面的拖延。

孩子拖延的根本原因——害怕

除了学习之外，在其他方面，小孩子也会有拖延的表现，如应对人际关系、社交场合等。比如，家长要带孩子去一个陌生的朋友家做客，有的孩子会表现得很兴奋，迫不及待地想要出门。这就说明，面对不认识的人，孩子是感兴趣的，是愿意结交的。但如果反过来，孩子一会儿说想去厕所，一会儿问我能不能不去，拖拖拉拉地不肯出门。这就说明，孩子十分惧怕建立新的人际关系。

再比如，因为工作需要，全家要搬往外地。爸爸妈妈都在忙活着打包行李，让孩子把自己的东西装进行李箱。如果孩子问东问西，始终不肯开始收拾。有的家长会以为，孩子是懒得干活，干脆大手一挥，让孩子去休息吧。但实际上，孩子拖拉着不肯收拾，是因为心里没底，不想改变现状。

如果孩子出现这种拖延行为，该如何应对呢？

首先，要给孩子提供更多的安全感。对于未知的事物产生一定的抵触情绪和惧意，这是人之常情。如果是带孩子去陌生人家里做客，父母可以保证："宝贝，王叔叔这次帮了爸爸很大的忙，所以咱们一家三口要去拜访他，你放心，如果你觉得他们家待着不舒服，你就给我个信号，咱们就回来。"

如果是搬家导致的未来发生变化，父母就需要投入更多的心思，让孩子获得安全感。比如，父母可以说："我前期都已经考察过了，你放心，那里的条件比这里要好，人往高处走嘛，咱们一家人会越来越好的。"

或许对于成年人来说，改变或重新适应生活环境并不是什么太困难的事情，但对于一个孩子来说，就不一样了，他会害怕，会觉得这种变化让他心里不舒服，不由自主地想要逃离。和学习方面不同，这种拖延更多的是由内心的不确定所带来的安全感缺失导致的。既然如此，父母就要给孩子更多的安全感。

实际上，遇到问题拖拖拉拉是很多人的通病，成年人都是如此，更何况是小孩子了。父母没有必要因为孩子拖延就大发雷霆。这样做，不仅不能改变现状，还会让孩子产生逆反心理："明明你也拖拖拉拉，还来说我！"

越做主越独立，多给孩子做主的机会

曾经有一档综艺节目，叫作"今天我当家"，特别受小孩子的欢迎。这档综艺节目最有趣的设定是，参加节目的家庭要互换角色，孩子当家作主，爸爸妈妈必须听从孩子的指挥。

节目中有一个场景，一大早，妈妈将一天的开销交给孩子，由孩子来分配：早餐吃什么，花多少钱；中午吃什么，准备花多少钱；还有晚餐。然后，孩子要给父母分配任务，今天应该是大扫除，还是外出购物，等等。

有的小孩特别有规划，把每一笔开销计算得特别详细，把工作分配做得也很到位。但有的孩子就属于随心所欲型了，一整天的预算，一顿午餐就全花光了，分配的工作也都零七碎八，最后实在没办法了，就告诉父母："今天自由活动吧。"

给孩子创造做主的机会

在培养孩子独立自主这一方面，父母特别容易两极分化。有的父母因为担心孩子受到伤害，任何事都不让孩子"操心"，所有的事情都是父母安排好的，孩子不需要有自己的想法，只要照着父母说的做就行；有的父母是太相信孩子了，恨不得什么事情都让孩子自己做主，放任孩子吃亏上当撞南墙。这两种方式都有弊端，而且是明显的弊端。

孩子有没有自己做主的权利？有。

孩子有没有能力自己做主？没有。

自己做主只是一个动作，就像是做选择题，你选 A，还是选 B，这并不困难。困难的是，当做主之后，你能不能承担它所带来的后果。作为父母，我们要做的是：**给孩子作主的机会，但同时也要为孩子作主的结果托底**。

举个简单的例子，孩子在选择兴趣小组的时候，他对手工作业更感兴趣，但老师说，孩子在数学方面很有天赋，希望他能选择奥数。对于这种分歧，父母应该充分考虑孩子的意愿，如果他真的很想参加手工作业小组，那不妨给他一些时间，让他去体验手工作业。但与此同时，要和孩子说明白，如果选择奥数，在未来可能会给学习增加助力，而手工作业小组没有这样的优势。当孩子体验过了手工兴趣小组之后，过段时间，父母可以再次去询问孩子的意愿。如果孩子已经对手工作业失去了兴趣，父母就可以建议他转到奥数小组。

这样一来，既给了孩子做主的权利，也没有耽误太多的时间，最终家长与孩子达成了一致意见。

如果找不到可以锻炼孩子独立做主的机会，家长可以给孩子创造这样的机会，并且遵循循序渐进的原则，从易到难，逐渐增加难度。

轩轩小学升初中后，父母答应要带他去旅游，但是爸爸跟他约定：这次旅游，父母只会提供一万元旅游资金，外出游玩三天两夜，目的地是坝上草原。要求轩轩制订出旅游攻略，规划游玩路线、游玩项目、衣食住行等。妈妈开心地说："太好了，这下我可算是能轻松游玩了！"

轩轩也很兴奋，毕竟他们一家三口去过坝上草原，也大概知道具体的开销和可以游玩的项目，上次玩草地摩托，妈妈顾虑安全性没让他玩，这次既然自己能做主，必须得玩个痛快！

在轩轩的带领下，一家三口开着车出发了。刚上高速，轩轩就发现，车载ETC居然没反应，爸爸直接拿的高速卡片。轩轩问："爸爸，你怎么不用ETC啊？"爸爸理所应当地说："你没给ETC充值啊，我就拔掉了。记住哦，这也是算在旅游资金里面的。"轩轩连忙记下来：忘记高速过路费。

到了预约的酒店之后，轩轩对父母说出第二天的计划，他忐忑不安地问："爸爸妈妈，这么安排可以吗？"妈妈说："可以啊，你说了算。我们就是跟着你玩，你安排我们玩什么，我们就去玩什么。当然，你要是不想让老妈这个身子骨散架，请不要给我安排骑马的活动。"轩轩赶紧记录下来：妈妈不想骑马，满足她！

接下来的三天时间里，轩轩充分享受了"做主"的乐趣，也体会到了"做主"的痛苦。想要吃烤全羊，爸爸妈妈举双手赞成，但一家三口吃不了那么多，就必须和其他游客商量，匀给他们一部分，谁去商量呢？爸爸说："轩轩，你去啊！"妈妈害怕骑马，但来到草原了，如果不骑马就好像缺了点什么，轩轩特意去找马场主商量，能不能找一匹温顺的马，妈妈骑上去拍张照就好。马的主人一看小孩子这么孝顺，连费用都没收，免费让妈妈骑马拍照。在父亲的提议下，轩轩连忙去买了两包烟，送给马主人表示感谢……

从规划零花钱开始，让孩子感受如何当家做主

在中国，过年时收到来自长辈的压岁钱是儿时最快乐的记忆之一了。不过，如何处理压岁钱，父母和孩子非常容易产生分歧。

孩子认为，压岁钱是给自己的，应该由自己来掌管，怎么花、花多少都应该是自己说了算。父母怎么想呢？他们觉得，压岁钱的数额比较大，孩子没有能力管理这些钱。

其实，想要解决这个问题，非常容易，孩子想要拿到压岁钱的管理权，那就列出自己的用钱计划，越详细越好。父母可以评估这个计划的可行性，如果认为没问题，就把钱交给孩子。孩子支出压岁钱的时候，需要记账，等到这笔钱花光，再向父母报账，让父母来评估自己在压岁钱的使用上能打多少分。如果分数高，第二年可以继续采用这种模式，如果分数低，证明孩子乱花钱，并不适合管

理压岁钱，第二年就要限制孩子管理压岁钱的权限了。

除此之外，还有一种更折中的方式，将压岁钱分成三个部分：固定存入、应急和固定支出。固定存入的部分交给父母；应急的部分存入一张银行卡，放在孩子身边；固定支出的部分按照一年十二个月，分成十二份，由父母保管，按月交给孩子。

在涉及金钱的方面，父母的态度往往特别谨慎。一方面，金钱带来的诱惑并不是一个未成年的小孩能够抵抗的；另一方面，小孩子情智尚未成熟，自控能力差，管理金钱会带来不必要的损失。

那么，我们就可以采用循序渐进的方式，给孩子一定的自由，同时也给孩子一定的限制。让他在有限的空间内做主，即便是有所损失，也在可控的范围内。

不要戳穿他的小情愫

孩子到了某个阶段，总是会特别兴奋地和父母分享遇到的开心事，比如和哪个同学说了什么、做了什么。如果孩子比较小，父母的关注点是"我家宝贝今天做了什么""有没有被欺负"；当孩子

长大之后，尤其是上了中学之后，父母的关注点会偷偷发生转移，
"这个名字听起来像男孩／女孩，我家孩子已经连续提过他／她好
几次了"。

青春期对异性产生朦胧的好感，这是一件再正常不过的事情了。
有的家长会如临大敌，我家孩子会不会早恋？对方是什么样的人？
会不会把我家宝贝带坏？会不会占我家宝贝便宜？在什么都不了解
的情况下，父母的脑海中已经上演了青春文学小说里的全套戏码。
有的家长看得比较开，觉得这种事情不用放在心上，也不用去干预。
但也会因此而发生一些不好的事情。

作为父母，到底应该如何应对孩子青春期的躁动呢？

轻轻拿起，让他觉得父母只是在八卦

贝贝这段时间总是频繁地提到一个名字"昊明"，这种反常
引起了父亲的注意。

听贝贝说，昊明是她的新同桌，原本两个人不是很熟悉，没
想到做了同桌之后，特别投缘。贝贝喜欢看《名侦探柯南》，昊
明也很喜欢。昊明推荐《福尔摩斯探案集》，说小说的情节设定
比动画片里的可高明多了，所以贝贝让妈妈也给她买一套。

听贝贝说，昊明是班里的篮球健将，打球可厉害了，去年班
级联赛的时候，就属他得分最高。做了同桌之后，昊明总是让贝
贝跟着他打篮球，锻炼锻炼身体，免得贝贝一到换季就感冒。

听贝贝说，昊明很聪明，但是偏科很严重，数学、物理学得

特别好，语文成绩差到离谱，文言文根本看不懂。真是够笨的，作为中国人，怎么能连文言文都搞不明白呢？

……

贝贝的妈妈是什么反应呢？用贝贝爸爸的话说，她妈现在正在吃瓜。贝贝让妈妈买一套《福尔摩斯探案集》，妈妈立刻就下单，不光买了《福尔摩斯探案集》，还买了《阿加莎·克里斯蒂侦探小说全集》，然后对贝贝说："你也看看这一套，都是侦探类小说，你看完后也给昊明推荐推荐。"贝贝无语，说："然后呢，他再买一套东野圭吾的，推荐给我？"贝贝妈妈点点头："这样多好，一帮一互助小组。我上学那会儿，也这么搞。"

贝贝说要和昊明一起打篮球，贝贝妈妈并不反对，但是和贝贝说："男孩打球，没轻没重，你可得小心点，别让他把你撞飞了。"贝贝翻了个白眼，说："就我这水平，他撑死了能教我定点投篮，连三步上篮我都不会。"贝贝妈妈看了看女儿，说："你三步上炕可以。"

因为妈妈总是用很轻松的玩笑话和孩子交流，贝贝有什么事从来都不向妈妈隐瞒。妈妈看得出来，贝贝对昊明有一点小情愫，但为了不让这份情愫变成青春期的负担，她会用"直男式"发言打消暧昧期的粉红泡泡，让女儿觉得，这样就挺好。

当孩子对异性产生某些情愫之后，有些父母特别着急戳穿它，比如，跑到孩子面前质问他："你是不是对某某某有好感？你们俩是不是在早恋？"又或者遮遮掩掩，不敢在孩子面前提对方的名字，不敢让孩子看"恋爱题材"的电视剧。但这种做法只会让孩子觉得父母反应过度。如果孩子已经开始早恋，父母的反对又会成为恋情的催化剂，让他们觉得"真爱无敌""要对抗全世界"。

当孩子频繁提到一名异性同学时，最好的做法就是和他一起"八卦"。这样做，孩子不会产生抵触情绪，也不会有逆反心理，家长也更方便引导孩子建立正确的爱情观、婚姻观。

堵不如疏，正向引导才是最好的方法

有的父母会说，小孩子懂什么，家长不管，不定能捅出多大娄子呢！但是面对汹涌的"爱河"，堵不如疏。家长的过激反应和强硬措施就是"堵"，根本就不能解决问题，反而会造成亲子关系的隔阂。"疏"是什么呢？是正向引导，是展望未来。

所有人都知道，学生时代的小情愫，来得快，去得也快，真正的弊端是会因为分心而影响学业，甚至打击到孩子学习的积极性，以及对孩子造成身心上的伤害。

某部校园电视剧里有过这样的设定：男主角和女主角都是高中生，两个人都对彼此产生了朦胧的好感。他们都是学霸，男生的梦想是考清华，女生的梦想是考北大。然而，就在他们因为这份好感分神之际，男生第一次没能拿到年级第一，女生的成绩也有点下降。

经过一番深思熟虑之后，两个人约定，先完成自己的清华梦、北大梦，如果两个人能一起进入理想中的学府，反正清华旁边就是北大，到那时再考虑如何处理这份朦胧的好感。

电视剧里的男女主角都是非常理智的学霸，还没有等到父母发现，两个人自己就解决了问题。他们的方法是：放下情愫，约定未来。父母也可以这么引导：学生要以学业为重，如果两个人能够共同进步，为了梦想而努力，等上了大学之后，再如何如何。

第六篇
识别孩子的小手段

干打雷不下雨的假哭

在前文中，我们提到过，孩子会通过哭闹的方式来博取父母的关注。当孩子大一点时，还会采用假哭的方式，达到自己的目的。这些小鬼头，可都古灵精怪着呢！

但是，孩子通过"假哭"来达到目的的这种做法，有些时候可以当作玩笑，有些时候则不能纵容。

你看我多可怜，弱小又无助

孩子做错了事情后，父母肯定会批评教育一番，有时候，话说得比较重，又或者是语气比较严厉，孩子害怕受到惩罚，会开始"假哭"："爸爸，我知道错了，下次不敢了。"又或者是，孩子夸大父母的严厉程度，通过"假哭"来诉苦："妈妈，你好凶，我都被你骂哭了。"父母批评教育的目的是什么？是让孩子认识到自己的错误。孩子假哭是为了什么？是为了逃避惩罚。

在商场里经常能看到小孩子横冲直撞，这样难免会撞到旁人。有一天，豆丁儿和爸爸一起去商场里吃饭。豆丁儿怕去晚了要排队等位置，就快跑了两步。没想到，旁边的厕所里突然走出来一位老人，豆丁儿把对方撞了一个趔趄。

虽然老人没摔倒，但老人的子女特别生气，指责豆丁儿说："你这个小孩怎么回事，在公共场合横冲直撞的，要是把我妈撞倒了，你担得起责任吗？"

豆丁儿爸爸赶快走了过去，对着老人和对方的子女一个劲儿地道歉："老人家，真是对不住，您看要不要去医院检查一下……"转过头又十分严厉地说，"豆丁儿，赶紧道歉！都多大的孩子了，怎么就这么不让人省心！"

豆丁儿向老人道歉，结果刚说了几句话，他就哭了出来："奶奶，我真的不是故意的，我就是饿了，想快点去吃饭……"

老人一看孩子都哭了，也自觉没什么大事，就跟豆丁儿爸爸说自己没事，带着孩子去吃饭吧。

一场风波就此结束。但是，老人和子女刚离开，豆丁儿就露出了一脸坏笑，冲着爸爸说："走，咱们赶紧去吃饭，我是真饿了。"豆丁儿爸爸原本觉得这只是一场意外，但是看到豆丁儿的笑容，他突然觉得，这真是熊孩子，欠管教。

小孩子非常擅长通过假装弱小、无辜、脆弱来博取同情，目的是逃避惩罚（我知道我错了，但你别打我）、获得利益（给我一颗糖）和讨好他人（你看我多可爱），其中，前两者使用频率最高，也最有效。毕竟在外人看来，孩子都哭了，肯定是知道错了，就别再不依不饶了。外人可以这么理解，但父母不可以。

首先，如果让孩子通过假哭逃避惩罚，他们以后会继续采用这种方式。 先是小错，然后一点点变大，直到最后肆无忌惮，规则在他眼里就变得无足轻重，毕竟手握"假哭"这个大杀器，任何惩罚都落不到自己身上。新闻里，那些熊孩子就是这样一点点养成的，最后怎么样呢？假哭，变成真哭。

其次，父母需要直接挑明"我看透你的把戏了"，而不是"哭什么哭"。 对于孩子的小心思，父母当然都知道，但怎么挑明是一门学问。有的父母采用简单粗暴的方式，"你哭什么哭，犯了错还有理了"，这句话在孩子看来，不是父母看透了自己的把戏，而是父母不在意自己的情绪，明知道我哭了，还要骂我。与其用可能产生歧义的表达方式，倒不如直接点："孩子啊，别演了，你这都是我玩剩下的。"

最后，大事化小，小事化了。 事后，父母不要总是提起这件在孩子看来"丢脸"的事情。小孩子也是有自尊的，也知道什么事情做得比较丢脸。有的父母总觉得"我是在开玩笑啊""小孩子，逗逗他嘛"，但这种行为，有的小孩不太能接受，觉得自尊心受到了伤害。

小心，别让孩子去爷爷奶奶面前哭

别看孩子小，心眼儿可不少，孩子是特别能够趋利避害的。如果家里是严父慈母，他一定会在母亲面前撒娇卖萌耍赖皮，和母亲讨价还价，但是在父亲面前，就是听话懂事的乖宝宝。反过来，如果是虎妈猫爸，即便是女儿，在被妈妈训斥的第一时间，也是找到父亲当和事佬。这些都只是发生在小家庭里，如果孩子跑到长辈面前耍心眼呢？

举个简单的例子，孩子做错了事情，妈妈想要趁机好好教育一番，让孩子记住。刚说了没两句，孩子就跑去给外婆打电话，还说："我知道我说不过你，我就找一个能管得住你的人！"电话拿过来，自己的亲妈上来就训斥女儿："你又怎么招我外孙子了？有什么话不能好好说？"如果训斥的人是爸爸，那搬来的救兵就是奶奶。

小说《红楼梦》里，贾宝玉帮助蒋玉菡偷偷逃离忠顺王府，贾政气急败坏，要教训贾宝玉，贾环又诬陷贾宝玉，说他要"强奸"金钏儿，气得贾政不分青红皂白，给贾宝玉好一顿毒打。最先赶来的是王夫人，但她也没能制止贾政，直到贾母赶了过来，痛斥了贾政。

小孩子总是习惯性地寻求对自己最没有原则的人的帮助，但对于父母而言，管教子女是自己的事情，如果把爷爷奶奶、外公外婆牵扯进来，就变成了家庭矛盾。为了避免这种情况发生，父母应该提前给老一辈人打好预防针：教育子女是不能有任何讨价还价的余地的，否则孩子就很容易"耍心眼"。另外，如果孩子跑到老人面前耍赖皮，父母当着老人可以不予追究，回家后要加倍惩罚，通过这种方式就可以杜绝孩子跑到老人面前耍心眼。

谁说小孩子不会说谎话?

小孩子天真烂漫,说起话来发出小奶音,别提多可爱了。因此,很多成年人会无条件地相信孩子说的话。正所谓:"人之初,性本善。"小孩子怎么可能会说谎呢?

实际上,小孩子说谎是普遍行为,甚至是常态。第一种,小孩子的语言功能和大脑功能还没有完全发育,简单来说,孩子脑子里面想的事情,他却说是现实发生的,这并不是有目的的撒谎,而是因为无法分辨现实和想象;第二种,孩子分得清真实和虚假,有目的的撒谎;第三种,夸大其词的撒谎,本来拿到一个正常大小的苹果,他能说成像篮球那么大,或者是有十几个苹果。

不要轻易相信幼儿园小朋友的告状

网络上曾经有过这样一场"闹"剧:一名家长在班级群里发言,说自己的女儿在幼儿园里被老师欺负了。

幼儿园每天会给孩子准备上午的加餐、午饭和下午的加餐，早饭和晚饭在家里吃。有段时间，家长发现女儿回家吃得特别多，好像很饿，就问："孩子，今天你在幼儿园里吃的什么饭啊？"小女孩说："吃饺子。"家长又问："那你下午加餐吃的什么啊？"小女孩说："酸奶和草莓。"家长觉得很不解，按理说，孩子不应该饿成这样，就继续问："那你吃了吗？"小女孩说："没有，老师不给我吃。"

家长特别愤怒，还晒出幼儿园的收费单据，控诉道：幼儿园每个月光是伙食费就好几百，一顿正餐和两顿加餐，幼儿园老师怎么还能干出不让小孩吃饭的事情呢？是孩子做错事的体罚吗？如果幼儿园不给出一个合理的解释，这件事情他一定会采取相应的措施。

相信很多父母看到这样的事情都极其愤怒，会觉得幼儿园老师实在是太过分了，什么仇什么怨，竟然用饿着小孩的方法去惩罚她。然而，幼儿园老师拿出监控视频，家长们才发现事情竟然是这样。

中午开饭的时候，每个小孩子给了十个饺子，这个小女孩吃完了跟老师说还想吃，老师又给了她五个，吃完后还要，老师不敢再多给了，就给了三个，说吃完了就没有了。因为中午吃太多，下午加餐的时候，小女孩只顾着自己玩，不喝酸奶，也没吃草莓。玩够了，回家了，就感觉特别饿。

真相大白之后，家长又去问小女孩："宝贝，你怎么跟妈妈说瞎话呢？你不是说老师不给你吃吗？"小女孩露出一副无辜的表情，说："是啊，我在那边玩儿，她也没拿给我吃啊。"

小孩子说话，是有很多水分的，并且很容易造成歧义，很多父母也都经历过。比如，孩子犯了错误，爸爸说了他两句，等孩子向妈妈复述的时候，说了两句可能就变成爸爸骂了我很久。如果爸爸打了两下手板儿，就可能变成爸爸狠狠地打了我好几下。又或者，孩子说话说一半，就像故事里的那样，老师的确没给小女孩拿过去，是因为老师知道孩子中午吃得太多，现在肯定吃不下，但小女孩的表述很容易让人理解为老师没收了孩子的加餐。

面对这种情况，父母最需要做的不是纠正孩子的行为，而是先保持理智，不要听风就是雨，平白制造矛盾。孩子的问题并不用刻意去管教，等他再长大一点，语言表达能力更强一些，自然就会改掉了。

同理，夸大其词的撒谎是因为对物体的认知和说出来的描述对接不到一起，并不是故意要夸大其词，更多的是为了把对方比下去。对于这种情况，父母不用太过当真，也无需进行管教，就把它当成孩子的童言无忌就好。

小孩子故意说谎该怎么办？

一般来说，上小学前后，小孩就会对说谎有具体的认知了，知道这是错误的行为，甚至有的小孩还知道，在童话故事里，说谎鼻子会变长。**明明知道还要去做，就代表孩子的行为需要父母进行干预和修正。**

想要正确处理这个问题，先要了解孩子为什么说谎，然后再对症下药。一般来说，孩子说谎往往有几种原因：第一，是为了得到他想要的，可能是别人的表扬，也可能是别人承诺的奖励；第二，是为了逃避责任，一般是自己犯了错误之后，想逃避批评；第三，想要引起别人的注意，让自己看上去更优秀、更合群；第四，模仿他人，往往被模仿的对象就是他身边至亲的人。

如果孩子是为了得到他人的表扬或奖励而撒谎，父母先不要批评，可以这样做，温柔地说："宝贝，我理解你想要得到表扬和奖励的心情，说明你是个积极向上的好孩子。但是，想要积极向上没有错，可你用错了方法，那这份表扬和奖励还有意义吗？"

如果孩子是为了逃避责任而撒谎，父母可以这样做。表情稍微温和，但眼神要稍微严厉一点，说："宝贝，你再好好想一想，妈妈给你一次机会哦。"如果孩子承认了错误，你可以摸摸他的头，说："真棒，你有承认错误的勇气，相信你一定能够改正。"如果孩子还是梗着脖子说不是自己做的，自己没有错，你可以叹一口气，先不说话，过段时间再和孩子沟通："宝贝，其实我知道你撒谎了，比起我直接说出来，我更希望你能自己承认错误。不过没关系，我知道你只是太害怕了，希望下一次你能勇敢地站出来，承担起自己的责任，好吗？"

如果孩子是为了引起别人的注意而撒谎，往往是在人比较多，或是有外人在的情况下，这时候，家长不宜当着众人批评孩子。等回到家后，再把孩子叫过来，说："宝贝，今天王阿姨说做完作业的孩子请举手，你明明没有完成为什么要举手呢？如果是觉得没有做完作业很丢脸，那下次我们先把作业写完再去王阿姨那里玩，好不好？"

如果孩子是因为模仿他人而不断撒谎，那么请你先找到那个始作俑者，让始作俑者纠正自己的错误行为，然后和孩子说："宝贝，这种行为是错误的，你不要学，咱们可以学学他身上的优点。"

你的小孩可能是个"两面派"

在人们的固有认知里，小孩子应该是天真无邪的"天使"，他的内心应该像外表一样单纯。但实际上，孩子也是人，他的内心世界很丰富，尤其是比较敏感的孩子，其在为人处世上会展现出一种"幼稚的圆滑"，看起来有点表里不一。

为什么孩子会变成这样呢？父母又该如何教育呢？

表面上很单纯，心里却有自己的小九九

有些孩子表面上看起来很单纯、很天真，但是交谈之后就会发现，这个孩子很"聪明"、很"圆滑"。聪明在哪里呢？聪明在特别会察言观色，知道怎么表达能够让大人更喜欢他，知道怎么表现会让大人表扬他。圆滑在哪里呢？圆滑在特别懂得如何和小伙伴打成一片，看似关系非常亲密。如果你仔细观察不难发现，有些行为他自己做得也很不情不愿，有些话他说得也别别扭扭。存在这种行为模

式的孩子，需要父母格外注意。

如果一个小孩子能够善于察言观色，就说明他的生活环境存在让他感到不安的因素，察言观色的能力越强，说明这个不安的因素就越近、发作得越频繁。孩子出现这种情况，父母应该先自我反省，是不是夫妻关系比较紧张，经常当着孩子的面发生争执，又或者是家庭里有一个情绪不够稳定的成员。正是因为这些不安的因素，迫使孩子在原本应该天真烂漫的年纪里学会看别人脸色行事。

某部电视剧里，小男孩刘自强因为父亲犯罪入狱，被林场工人顾长山夫妇养在家里。刘自强非常清楚自己的情况，特别主动地给所有人干活。顾长山刚端起杯子，他就抢过来说："爸，您要喝水啊，我给您倒。"

顾长山的亲生儿子顾兆喜比较叛逆，平时还喜欢捉弄刘自强。但无论刘自强心里多委屈，转过头面对家人的时候，都是面带笑容。就连顾长山都感慨：这孩子，懂事得让人心疼啊。

如果一个小孩子为人处世非常圆滑，善于处理人际关系，说明他极度在意别人的评价，为了赢得别人的好评，他甚至愿意委屈自己，这也和父母的教育有着极大的关系。很多父母在教育子女的时候，特别喜欢强调"好人缘"，让孩子赢得旁人的赞扬。长期接受这种教育的孩子，就会很在意别人怎么评价自己，如果别人说自己好、懂事、乖巧，他就很开心，如果别人说"这个孩子怎么这么不懂事""不和善"，他就会变得焦虑。

《红楼梦》里的薛宝钗就是这类人的典型代表。薛宝钗为了让自己符合封建礼教的标准淑女形象，不仅要向贾家的长辈们展示自己懂规矩、守规矩，还要向贾府的婆子、丫鬟们显示自己大度、包容。那么，真实的薛宝钗是什么样子呢？在她和其他同龄女孩的相处中可以管中窥豹。当她生气的时候，会用话"阴阳"林黛玉和贾宝玉；当她特别开心的时候，也会在夜里和几个姐妹、贾宝玉偷偷举办生日宴；甚至会和林黛玉交底，自己也曾经看过所谓的禁书。然而，父亲早逝、母亲没有主见、哥哥又是个毫无担当的闯祸精，她只好被迫让自己"圆滑"起来，即便被林黛玉讽刺也装作没有听到。

孩子最开始都是单纯的、表里如一的，如果他表现出了"表里不如一"，或者"超越这个年龄的成熟"，请家长先反省自己的教育方式，找到问题后，力求给孩子营造一个能够让他们表里如一的温馨有爱的家庭环境。

发现孩子内心的"小黑洞"，请正确引导他

岳临的妈妈在给岳临打扫房间时，发现岳临在书桌上贴了几张看起来比较血腥恐怖的卡片，这些卡片的下面有用小刀划拉的痕迹。妈妈非常担心，认为孩子肯定是遇到了什么问题，难道是被校园霸凌了，还是心理出现疾病了？

在此之后的几天里，妈妈怕刺激到岳临，并没有做出过度的反应，而是在偷偷观察孩子。果然她发现孩子存在一些"奇怪"的行为：

电视里若是出现有恩怨的两个人冰释前嫌的情节，岳临会翻个白眼，流露出不屑的神情；父亲提到自己的老同学给自己打电话嘘寒问暖的时候，岳临会小声嘟囔一句"虚伪"……孩子之前明明不是这样的，现在表现得越来越愤世嫉俗。妈妈决定，还是要和岳临聊一聊。

刚开始，岳临并不承认自己有什么变化。妈妈也不着急，一个一个猜："是有喜欢的女同学了吗？"岳临没反应。"是学业上有什么困难吗？"岳临摇了摇头。"是老师当着同学的面辱骂你了？"岳临翻了个白眼。"是和好哥们闹翻了吧。"这次，岳临的表情变了，变得非常不忿。

在妈妈的开导下，岳临终于吐露心声。原来，岳临和好哥们小涛因为一点小事闹掰了，并且都互相撂下狠话。岳临刚开始说："咱俩绝交，之前我对你的情分就当喂狗了。"小涛也反击回来："咱俩彼此彼此，没看出来你居然是这种人！"说完，小涛就转头离开了。可是看着小涛的背影，岳临的第一个反应不是可惜，不是遗憾，而是"你就是死了，我也不会原谅你"。这个想法冒出来的瞬间，岳临自己都吓了一跳。之后的几天，岳临一直都在想，为什么在那个瞬间，自己的脑海里会冒出这么恶毒的想法……

妈妈说："孩子，你也不用太过纠结，其实你本质上绝对是个好孩子，我还能不了解你吗？只是你太生气了，觉得自己被辜负了，觉得都是小涛的错，所以才会冒出这样的想法。但这不代表你真的希望他去死，也不代表你就是个心胸狭隘的人。过几天，如果你觉得消气了，可以再去和小涛聊聊看，你们从上小学开始就是好朋友，有什么抹不开面子的呢？"

　　小孩子的内心世界很简单，但不代表全都是光明的、正向的，很多小孩的心里也存在"阴暗面"。比如，有些小孩子抓住蜻蜓之后，会直接用手"解剖"它。他们不会觉得这种行为不正确，只会觉得有意思。再比如，他们会因为和自己关系不好的同学被老师批评，而感到窃喜，你能说他们品行不好吗？他们只是觉得"解气"。

　　这些所谓的阴暗面，更多的是人性使然，家长发现后，要及时进行正向引导，避免孩子陷入阴暗的旋涡。心向太阳，看到的自然是光明。

有些需求，他就是故意不说

　　你有没有遇到这样的情况，孩子故意给父母出"考题"。比如，晚上该做饭了，妈妈问孩子："你想吃什么啊？"孩子说："我都行，您就炒几个我爱吃的下饭菜吧。"等妈妈做好之后，孩子刚上饭桌就露出嫌弃和失望的表情，饭也不好好吃，没吃几口就不吃了。妈妈问："你不是饿了吗，怎么就吃这么点啊？"孩子说："您不知道为什么吗？那您好好想想吧，我不吃了。"

看到这里，你猜到答案了吗？孩子不高兴的原因是，妈妈做的菜不是孩子最爱吃的。

打哑谜的背后，是在测试父母是不是在意自己

孩子对父母的爱是有要求的，尤其是**在孩子成长到了一定的年龄，他会对父母表现出占有欲，希望父母只爱自己、只在意自己，最好能够给自己全部的爱。这种情况，在二胎家庭里尤为突出。**他们会认为，父母应该特别了解孩子，即便孩子不说，父母也应该知道孩子需要什么。为了测试父母的爱有没有达到这个程度，他们会故意不说自己的需求，和父母打哑谜。如果父母的表现让他很满意，他就会觉得，父母最爱自己；如果父母的表现让他很失望，他就会怀疑，爸爸妈妈是不是不爱自己、不在意自己，否则怎么会不清楚自己的需求呢。

芽芽有一个比自己小两岁的弟弟小帅，在很长一段时间里，一家四口过得很幸福。但最近一段时间，芽芽变了，她不愿意和小帅待在一起，每天总是把自己锁在房间里。妈妈猜测，是不是小帅惹到姐姐了。小帅坚定地否认，说自己也不知道为什么，姐姐突然就不理他了。爸爸觉得，芽芽可能是在外面受气了，心情不好，不用太紧张，过两天就好了。

妈妈觉得，还是和芽芽沟通一下比较好。为了母女俩更好地沟通，她特意只带着芽芽去逛商场。趁着芽芽开心的时候，妈妈问：

"小帅最近气你了吗？我看你怎么都不搭理他了，要是他惹你生气，你就跟爸爸妈妈说，妈妈替你去教育他！"

芽芽突然间冷了脸，问："你舍得吗？"

妈妈被问得一头雾水，说："如果弟弟犯错了，肯定是要教育的啊。再说了，我一直都教育小帅，他是男孩子，要保护姐姐。"

芽芽说："说说而已吧，上次吃饭，两只鸡腿，你不是分给了爸爸和弟弟吗？"

妈妈这才恍然大悟，哭笑不得地说："我说这几天你怎么不高兴呢，原来是为了一只鸡腿啊。咱们娘俩可得好好说清楚，你平时喜欢吃鸡腿吗？你最喜欢的是鸡翅，我还能不知道吗？我把鸡腿给爸爸和弟弟，是因为咱俩不喜欢吃鸡腿，咋的，你怀疑我是那种重男轻女的妈妈啊？你叫芽芽，又不叫樊胜美，真是气死我了。"

小孩子都是会争宠的，但年龄越大的孩子，争宠的方式越特别，他们只会默默地观察父母、考察父母，默默地给父母打出分数。有时候，父母可能还在奇怪，为什么孩子和自己不亲近了呢？很不幸，大概率是因为你没有通过他的测试。

不哭不闹、不争不抢的孩子，请多多关注

孩子会在什么状态下出现测试父母的情况呢？在他不确定父母爱的程度时。父母爱孩子吗？当然爱！爱的程度有多深？父母

知道，孩子不知道，所以他才会用测试、打分的方式来判断。遇到这类情况，父母就要反思一下了，自己是不是做过如下行为：

第一，表现出明显的偏心。这里所说的偏心并不局限于多子女家庭，有些独生子女家庭也出现过类似的现象。比如，妈妈特别疼爱舅舅家的孩子，总说他才是家里的独苗。这些话会让孩子产生不确定性，"妈妈姓王，舅舅家的孩子才是老王家的独苗，所以妈妈更爱他。"如果妈妈还做出了轻视自家孩子、重视别人家孩子的行为，会让孩子产生更强烈的被忽视感。可能有的家长会说，那不过就是随口说说，当着自己兄弟的面，肯定是要夸奖他的孩子啊。但这种人情世故，孩子并不一定懂，父母可以给他们讲清楚。

第二，有过重男轻女的言论。在现如今的社会里，男孩和女孩之间的差别并不大。但老一辈人受重男轻女思想的影响，可能更看重男孩儿，所以在言语间或行为上会出现偏向孙子、轻视孙女的情况。尽管父母没有这么做，但孩子会非常担心和害怕，害怕有一天，父母会变成祖父母那样。

第三，对孩子表现出明显的不满和嫌弃。有时候，父母在教育子女的时候容易犯口不择言的毛病，比如，"我怎么生出你这么个孩子""真后悔把你生出来"。这类话千万不要说，任何孩子都不能忍受听到父母说后悔生出自己、嫌弃自己。这些话说出口的同时，就代表着孩子接收到"父母没那么爱我""父母根本不爱我""我不是父母期待的孩子"等信号，导致孩子对自己的评价变低，甚至形成低自尊的人格模式。

第四，直接毁掉他在意的东西。每个孩子都有自己喜欢的物品，比如宠物。父母因为担心耽误孩子学习，擅自处理了孩子养的猫猫狗狗，在孩子眼中就变成了：你明明知道我那么喜欢它，你还伤害它，说明你根本就不在意我的感受。

小孩子的心是很柔软的，也是很敏感的，很多父母不在意的一点小事，在孩子眼中就是天大的事。这些伤害会让孩子对父母的爱产生怀疑，可父母也绝对表现出了对孩子的关心、呵护，这种矛盾让孩子不确定父母的爱有多深，就会采取"测试"的方式——自己明明有需求，就是不说，要让父母去猜。猜对了，父母就是爱我的，猜错了，父母就是没那么爱我。了解这些之后，请父母多多关注那些不争不抢、不哭不闹的孩子吧，或许他们已经等待很久了……

关于孩子的朋友，父母不要说坏话

小孩子的社交原则非常简单，不会有成年人的功利色彩，只要我和你聊得来，咱们就是好朋友，只要我们能玩同一个游戏，那我们也是好朋友。

一般来说，只要对方没有太明显的人品问题，父母很少会直接干涉孩子的交友自由。但是，父母会根据自己的喜好给小孩的朋友贴标签，甚至会当着孩子的面说他朋友的坏话。

不要用大人的视角看待孩子之间的友谊

成年人对待友谊，往往会涉及很多现实方面的因素，但小孩子看待友谊，只会考虑对方是否能够提供情绪价值。举个简单的例子，两个小朋友在公园里一起玩滑梯，他们之前不认识，但因为玩滑梯，他们就能成为朋友。在父母看来，这不过就是萍水相逢，完全不用放在心上。在孩子看来，今天下午我们玩得很开心，他就是我一下午的朋友，如果以后有机会再见面，还可以继续一起玩。

孩子交朋友的随性，注定了他的朋友形形色色，有的是住在同一个小区的业主的孩子，有的是在这里租房子的租客的孩子，大多数是同一所学校的同学。回到家后，孩子会意犹未尽地和父母分享今天玩耍的过程，比如，某某和某某某因为抢一个苹果吵起来了，某某和某某某不知道为什么，今天谁也不理谁了……

当孩子在分享的时候，父母可以问玩得开不开心，可以问明天要去哪里玩，但是千万不能说"我觉得某某不好，你离他远一点""某某某的家庭比较复杂，你最好少和他接触"这样的话。在孩子心里，他对朋友的诉求很简单，不会有那么多复杂的思考。

小薇有一个特别要好的朋友小雨。小雨比较胖，特别热爱美食，每次上学，书包里都放着很多好吃的。不过，小雨在班级里人缘特别好，因为她很大方，也喜欢和别人分享美食。

小薇和小雨变成朋友是因为一个面包。那天，小薇早上赖床了，为了不迟到，她连早餐都没来得及吃，也没来得及买。上到第二节课的时候，小薇突然感到一阵阵心慌。好不容易挨到下课，她就想赶紧去买点吃的。就在这时，眼前突然出现了一个面包，是坐在前排的小雨递过来的。她说："你赶紧吃吧，上课的时候，我就听见你肚子一直在叫。"小薇有点不好意思，说："那你呢？"小雨说："我带了好几个面包呢，这是在我家门口的蛋糕店里买的，特别好吃，你赶紧吃吧。"在此之后，小薇和小雨天天黏在一起，小雨会给小薇带自己喜欢的零食，小薇会分享自己带来的水果。

过了一段时间，小薇妈妈觉得女儿每天带到学校的水果越来越多，就问她怎么回事。小薇说，带到学校和小雨一起吃。小薇妈妈想了想，问："就是那个特别胖的大胖丫头？"小薇一下子就生气了："妈，你别这么叫她，人家胖点怎么了，又没吃你家大米！"妈妈也有点蒙，说："我就随口一说啊，对了，你可别跟她一样，吃得那么胖啊！"这番话，气得小薇连着好几天都没有和妈妈好好说话。

父母不要随意评价孩子的朋友，更不要用这种贴标签的方法去评价。对于孩子来说，朋友的好和坏，都是他愿意接受的，如果父母总是指责、嘲笑朋友的缺点，会引起孩子强烈的反感。

不要干涉和阻止孩子交朋友

在公园里，很多小孩子会聚在一起玩游戏，有的在玩丢手绢，有的在玩捉迷藏。但总有一两个孩子，远远地站在一旁观看，露出十分渴望加入的神情。有的比较外向的孩子会主动跑过去邀请他。还没等他开口，坐在一旁的奶奶就替他回答："孩子，你去玩吧，我们不玩。"

小朋友耸了耸肩，就离开了。很快，新一轮的游戏开始了。小男孩更想参加了，不由自主地往前凑。奶奶却一把拉住他，说："别离那么近，他们跑起来再撞到你。你就踏踏实实坐在奶奶边上，看着他们玩多好啊。奶奶还给你带了很多水果，还有酸奶，你要不要吃一点？"

结果，别的孩子玩得很开心，这个小男孩看得一点都不开心。

成年人需要社交，需要交朋友，需要形成自己的人际关系网。其实，孩子也很需要，只是很多家长固执地认为，孩子不需要。为什么家长会阻止孩子和其他小朋友一起玩呢？大部分是出于对安全问题的考量，还有一部分原因是担心孩子被所谓的"坏孩子"带坏。

家长的担心有道理吗？有。但直接限制孩子的交友自由能解决问题吗？不能。孩子一天天在长大，即便在学龄前可以被限制，那上学之后呢？还会乖乖接受家长的限制吗？**父母最应该做的，不是限制孩子的交友自由，而是要告诉他，什么叫益友，帮助他树立正确的人际交往的观念。**如果只是靠限制，总有一天会限制不住，可等到那个时候，他还不清楚什么是值得交往的好朋友，什么是不值得交往的"烂朋友"，那就糟糕了。

如果他要"离家出走"呢？

当孩子和你发生争执的时候，他有没有"威胁"过你？

当孩子的要求你坚决不满足时，他有没有放下过狠话："如果你不……，我就……"

最严重的是，当孩子和父母谈崩了的时候，他有没有直接拿着书包，转身出门，离家出走？

很多父母都会把孩子这种行为产生的原因归结为处在"青春期""叛逆期"，不服管教了。但实际上，这种"威胁"父母的行为并不仅仅发生在青春期，在儿童期也经常能看到。作为家长，我们应该如何正确看待、正确应对呢？

"如果你……，我就……"的句式，一定是父母先说的

孩子"威胁"父母的句式往往都是"如果你不答应我什么什么要求，我就怎么怎么样"，这句话听起来有没有很熟悉，是不是也

是父母经常说的呢?

很多家长在鼓励孩子、奖励孩子的时候，常常会这么说，"如果你考试得了一百分，我就奖励你一个玩具"。父母的本意是，你完成目标，我给出奖励。但在孩子的理解里就变成了，我想要这个奖励，就必须满足什么条件，换言之，做事情也是可以讲条件的。于是乎，他们活学活用，把做事和条件反过来，你不满足我什么条件，我就做什么事。这不就成了威胁吗?

之前有一段时间的亲子教育，会提倡父母用物质奖励孩子，但现如今，育儿专家会建议父母用言语、眼神去鼓励孩子，而不是依靠物质。因为物质奖励会让孩子错误地理解为，物质奖励 = 做好事情，这就变成了孩子和父母讨价还价。比如，家长说："如果你考试得了一百分，我就奖励你一个玩具。"孩子觉得不够，说："不行，我要两个。"家长往往都会妥协，说："行，只要你能考一百分，我就给你买!"从一个变两个，就是讨价还价。

当孩子不满足于物质奖励时，他们就会反过来思考："我想要一样东西，你不给我买，那我就不做什么。"最常见的就是，在早上送孩子去上学的时候，妈妈越着急、越催他，他越是磨蹭，直到最后，他跟妈妈说："妈妈，我想要一个玩具，同学们都有，我也想要。"妈妈说："现在着急上学呢，要什么玩具啊，赶紧的。"孩子就说："如果你不给我买玩具，我就不去上学了。"

归根结底，孩子如果用一套话术"威胁"家长的时候，那一定是父母先用了同样的话术，让他们产生了误解，认为好好学习、考好成绩是可以进行交易的，是可以讨价还价的。

如果你还没有采用过这种奖励方式，那就不要开这个先例，避免让孩子学会用"威胁"的方式胁迫父母，从而达到自己的目的。

如果孩子拿生命来威胁，该怎么办？

一般来说，孩子的"威胁"往往都是为了买玩具、电子产品，又或者是去哪里玩。这种无伤大雅的"威胁"，虽然暴露了孩子的缺点，但一般很好解决。关于这一点，很多东北孩子特别有发言权！

在某个网站上，有这样一个帖子：父母的口头禅是什么？其中，东北网友的回复是最逗的。某网友说，我妈最常说的一句话是，我看你就像……这里的省略号可以是吃的、穿的、玩的。我小时候特别馋肉，总想吃锅包肉，就和我妈说。我妈白了我一眼，说："我看你就像锅包肉！"我小时候想要换台新电脑，我妈又白了我一眼，说："我看你就像台新电脑！"后来，我才想明白，原来我在我妈眼里是孙悟空啊，会七十二变！

虽然这只是吐槽，但这就是妈妈的应对方法，现在的父母也可以借鉴一下。

除了这种无伤大雅的"威胁"之外，还有一种威胁需要引起父母的注意，那就是用自身安全作为威胁的条件。比如，"如果你不答应我，我就离家出走""如果你不同意，我就跳下去"。如果你遇到孩子这样威胁你，你该怎么应对呢？

有的父母说："如果我的孩子这么说，我立刻大嘴巴就抽过去，还敢离家出走，还敢跳楼！"说实话，这只是在口嗨（网络流行词，多用于嘴上厉害、行动上不行的人），真正遇到这种情况时，这种父母是最容易惊慌失措的。那么正确的应对方法是什么呢？

首先，要确保孩子周围环境的安全。有些小孩子站的位置不高，即便跳下去也不会发生惨剧。这时候，父母可以采用"冷处理"的方式，既能拖延时间，也能让孩子冷静下来。比如，孩子站在五级台阶上，说："我就是要买那个玩具，你不买我就跳下去。"家长可以掏出手机说："来，宝贝，你站的这个位置风景真好看，让我先拍张照啊。来，笑一下，对，换个角度。"

其次，确定孩子的认真程度。在亲子教育中，父母最大的问题是：**孩子明明很认真，父母却从来不当真，孩子明明只是开个玩笑，父母却紧抓着不放**。在"威胁"这个问题上，同样如此。因此，孩子说出用生命安全来威胁你的话语时，你必须确定，孩子到底是认真的，还是随便说说。如果孩子是随便说说，你可以用开玩笑、冷处理等方式化解；如果孩子是认真的，家长必须重视起来。

再次，不管和孩子之间的分歧是什么，父母一定要先向孩子道歉。不是有那么一句话："穷其一生，父母都在等待孩子说一句谢谢，孩子都在等父母说一句对不起。"能够严重到让孩子用生命来威胁，那么孩子的内心一定是绝望的，父母需要先低头："宝贝，我不知道你现在这么难过，作为母亲我没能及时发现，是我的错，我应该和你说对不起。你能和妈妈说说，到底发生了什么吗？"

最后，事情处理完毕之后，一定要淡化。有的父母总是会"秋后算账"，明明事情已经解决了，但父母回家后还是要再次提及，让孩子重新回忆一遍自己为什么那么冲动。父母认为，这是让孩子长记性，实则是在孩子的伤口上撒盐。

当然，绝大多数孩子的威胁，都是雷声大雨点小，父母无需太过紧张，但无论是真的还是假的，都要杜绝发生第二次。一旦他成功过一次，就想要成功第二次。

第七篇

扮演好父母的角色

母亲，似水一般滋润孩子的心田

母爱是伟大的，中外有很多文学作品、影视作品无数遍地歌颂母爱。那你是否思考过这样的问题：母爱应该是什么样的呢？

当孩子尚在襁褓里，母爱是一滴滴进入孩子嘴里的乳汁，是喝完奶后的轻轻拍嗝，是哄睡孩子时那温柔哼唱的摇篮曲；孩子慢慢成长，母爱是日复一日的陪伴，是不厌其烦地教孩子说的每一句话，是每天晚上临睡前的温馨对谈；孩子上学时，母爱又变成了每天陪着他学习、陪着他参加课外活动，也是为了给他增加营养而绞尽脑汁做出来的每一道菜。有人曾经这样形容："正是因为人生太苦，所以神明创造了母亲，让母爱成为人生中的一道光。"

母亲，是孩子最初的模仿对象

在两性关系里有这样一句流传很广的俗语："想要知道女朋友婚后的样子，就去看看未来丈母娘。"这是什么意思呢？女性在进入婚姻后，如何处理家庭问题，所采用的基本逻辑和思维模式基本是"师承"于自己的母亲。比如，未来丈母娘花钱没有规划，有钱多花，没钱少花，那女朋友大概率也是如此；未来丈母娘比较泼辣，得理不饶人，即便女朋友现在很温柔，但婚后也大概率会卸下温柔的面具；等等。

很多女孩也会信誓旦旦地说："才不会，我自己从小到大看着我妈妈身上的缺点，也知道她因为这些缺点吃了亏，怎么可能还会重蹈覆辙呢？"但实际上，**母亲早就潜移默化地成为孩子在生活上的模仿对象，不管愿不愿意承认、愿不愿意被影响，都不可避免。**

在网络上总是能看到这样的视频，标题是"像姐妹一样的母女""母女之间能有多相似"等。内容都是生活里的小片段：母亲在做家务之前会有一套习惯的流程，比如穿围裙之前要先抖一下，一转镜头，就变成了一个小姑娘，同样是围围裙前抖一下。拍摄视频的父亲问："围裙又不脏，你抖一下做什么？"小姑娘露出茫然的表情，说："我妈就抖一下啊！"然后父亲哈哈大笑，说："看我闺女多像她妈，连抖围裙的细节都像。"

另一个视频片段是：父亲外出应酬喝醉了，回到家后，妻子正在辅导女儿做功课。看到男人一脸醉意，妻子还没说什么，女儿突然站起来，冲着爸爸说："一天天的，就知道喝，上次大夫怎么说来着，你都有轻微的肝硬化了，还出去喝！"男人一脸迷茫，旁边的女人突然被逗得笑出了声。因为之前男人喝醉后，她就是这么数落自己丈夫的。

孩子在成长的过程中，好奇地打量着生活的方方面面，并且会本能地进行模仿，在他们身边陪伴时间越长的对象，被模仿的内容就越具体、越细致。就连动物都是如此，幼兽宝宝模仿母亲的动作，学会如何捕食、躲避天敌、繁衍生息。即便人类是高等动物，也是这样长大的。

模仿是动物和人的天性，而且这种模仿行为是没有是非对错标准的。在孩子还没有建立明确的是非观之前，他没有是非对错的分辨能力，好的会模仿，坏的也会模仿。在这个阶段，一般都是母亲负责照料孩子，所以母亲就成为孩子的主要模仿对象。如果母亲是一位情绪稳定、包容心强、行动力强的人，孩子往往会耳濡目染；反过来，如果母亲情绪不稳定，容易焦虑，喜欢控制别人，孩子在备受其扰的情况下，也会有样学样，并且在长大后还会因此而感到困扰。

要让自己成为温暖的来源，而非孩子心里的阴影

有一个抑郁症患者在接受自媒体采访时，就坦言自己现在很矛盾，也很痛苦。她的母亲是一个比较暴躁的人，别人必须得顺着她，否则她就会发脾气，直到达到目的为止。但另一方面，母亲又对女儿特别好，虽然也会冲她发脾气，也有阴晴不定的时候，但大多数时间里，母亲都是护着她的。因为爷爷奶奶重男轻女，曾经无数次因为嫌弃她是个女孩，就区别对待。父亲很懦弱，不愿意和自己的父母撕破脸。每次她受了委屈后，都是母亲冲在前

面，保护女儿。

长大后，母亲的脾气越来越大，一点小事儿就能把家里吵得天翻地覆，还特别喜欢用比较直白的言语辱骂别人。渐渐地，她也开始受不了母亲的脾气，觉得母亲蛮不讲理。但另一方面，她又特别爱自己的母亲。她知道，母亲如果讲道理，可能在自己小的时候就护不住自己。这种矛盾的心理让她感到痛苦。

在这种心理压力下，她被确诊为中度抑郁症，还伴有一定程度的躁狂症。在发病的时候，她也无法控制自己的脾气，就是想摔东西、想发泄。等到病情稳定的时候，她察觉到，自己越来越像母亲了，像母亲一样突然间暴怒，像母亲那样肆意伤害亲近的人。明明她知道母亲的问题在哪里，为什么现在她依然逃不出这个怪圈呢？

母亲对孩子的影响会反映在生活的方方面面，甚至细微到情绪的感知和宣泄的方法。有很多人在述说原生家庭的问题时，会特别突出母亲对自己的影响，就是因为在孩子心里，母亲会比父亲更亲近。而且，母亲往往更感性，相较于父亲，也更愿意表达爱意，能够成为孩子内心的温暖来源。所以才会有那么一句话："妈妈在哪里，家就在哪里。"

因此，做一个温暖包容的妈妈吧，这份温暖和包容能够让孩子的内心建立起强大的安全感，有勇气去尝试人生的酸甜苦辣；做一个尊重孩子的母亲吧，这份尊重能够让孩子更懂得自尊自爱，有能力去解决生活中的各种问题。

父亲，似山一样给孩子最坚实的依靠

在很多孩子成长的道路上，父亲这个角色的存在感往往不是特别强，人们似乎已经习惯了父亲在子女教育时的缺位。只要一个男人能够在周末陪陪孩子，回家后偶尔辅导一下孩子的功课，能够赚钱养家，似乎就已经是一位"好爸爸"了。然而，这样真的就够了吗？

父爱如山，妈妈应帮助爸爸找到他的角色定位

在网络上，有很多女性都吐槽过，自己怀孕了，丈夫除了刚开始特别高兴之外，整个孕期还是该干什么干什么，根本就看不出他要为成为父亲这个角色做什么准备，就连生产包都是女性自己准备的。与母亲在腹中孕育子女时就和孩子建立起最亲密的关系不同，父亲往往要等到孩子出生之后，才有"我做了爸爸"的真实感，所以他们对于子女的需求往往会比较迟钝。就算孩子出生之后，也是母亲做得多，父亲做得少。如何解决这个问题，让爸爸找到做爸爸的感觉呢？

妮妮做了母亲之后，为了更好地照顾孩子、陪伴孩子，干脆辞职回家做了全职母亲。刚开始，丈夫回家时还能体贴地说："照顾完孩子照顾我，你辛苦了。"但时间久了，丈夫和很多养家的大男人一样，认为孩子的事情都应该是妮妮来解决。孩子尿了，即便他就在旁边，也会喊正在做家务的妮妮来处理；孩子哭了，他能躺着一动不动，即便孩子都已经哭得打嗝了，也要等妻子从厕所里跑出来哄睡。

妮妮之前就是从事教育工作的，深知子女教育不能只靠母亲一个人，父亲不能缺位。但她也知道，自己现在不上班赚钱，在丈夫面前自然就矮了一头，她必须智取。

在孩子开始学习说话的时候，她不断地教孩子叫"爸爸"，让孩子看墙上的结婚照，指着男人对孩子说："这是你爸爸哦。"没过几天，小孩子就掌握了"爸爸"的发音，还因为天天看着照片，对爸爸产生了亲近感。

那一天，丈夫回家时，刚刚打开房门，小团子就在妈妈怀里对着他伸出双手，喊出了"爸爸"。那一瞬间，妮妮看到丈夫的眼神都亮了，慌忙跑过来把孩子抱进怀里，不敢置信地说："宝贝，再喊一声给爸爸听。叫爸爸！"

在晚上吃饭的时候，妮妮特意和丈夫聊天，说："真想不到，咱家宝贝还没学会叫妈妈，就先学会了叫爸爸。都是我天天在他耳边念叨，爸爸很辛苦，爸爸要赚钱养活我们，你要好好爱爸爸。"丈夫自然是特别感动，说："多亏了你，也辛苦你了。"妮妮乘胜追击，说："我辛苦倒没什么，但你也知道，我之前在做教育工作的时候，就见到很多孩子，他们因为父亲缺位的原因，要么特别狂妄自大，要么特别自卑，尤其是男孩子。咱们家可不能这样。"丈夫听出妻子的意思，连忙说："这段时间是我疏忽了，以后你教育孩子的时候，一定要叫上我，咱们两个一起面对。"

想要让丈夫成为一名父亲，要先让他认识到，自己是一名父亲，不能想起来就陪陪孩子，想不起来就把老婆孩子抛到脑后。这样做，只会增加孩子的逆反心理，孩子会想："小时候，你都没怎么陪过我，现在跑来管我，凭什么！"因此，不管工作多忙，生活压力多大，父亲都不能缺位，要始终让孩子知道，父亲就在身边，就是他最大的"靠山"。

父爱不缺位，让爸爸多陪着孩子去"疯玩"吧

很多孩子提到妈妈时总会说，妈妈在陪我玩的时候，总是管得比较严，这个不让做，那个说危险，可爸爸就不会，每次出门玩的时候，爸爸比我还投入呢！用网络上的一句话来说："男人至死是少年。"既然爸爸这么有童趣，何不找到用武之地呢？让爸爸陪着孩子去"疯玩"吧。

在野外露营的场地里有这样一家四口，爸爸妈妈带着儿子女儿，还有一只可爱的狗，但和周围吵吵闹闹的家庭不同，他们显

得很特别。儿子陪着妈妈烧烤，先是特别熟练地拿出后备箱里的肉、炭火、烤炉，然后一一摆好。妈妈坐在一旁等着，等儿子生好火后，开始烤串。女儿岁数比较小，坐不住，喜欢四处跑，爸爸就带着她跑到河边看小鱼，玩吊床。

女儿会问："爸爸，这条河里面的鱼怎么都这么小啊？大一点的鱼都游走了吗？"

爸爸说："傻丫头，你没看见旁边有垂钓区吗，大一点的鱼都被抓到垂钓区了，这里面的鱼是小鱼苗，只有我们不钓小鱼苗，那这条河里才能一直有鱼。"

女儿又问："那你会钓鱼吗？"

爸爸拍着胸脯说："会啊！我小时候就经常跟你爷爷一起去钓鱼，不过钓鱼特别无聊，得老老实实坐在那里，你能坐得住吗？"

女儿摇摇头，说："我才不呢。爸爸，我们去玩大滑梯吧。"

爸爸说："大滑梯得和你哥哥一起玩，咱们去看看哥哥和妈妈烤好肉串了没，我都饿了。"

父女俩兴高采烈地回来，女孩跑去和哥哥说了很多刚才的见闻，一家四口很开心。

与之形成鲜明对比的是另外一家三口，爸爸妈妈带着女儿外出游玩。妈妈全程都在忙活烤肉，爸爸想带女儿去河边玩，妈妈不让，觉得比较危险，爸爸说那他们先去玩滑梯吧，妈妈抱怨道："合着就我一个人干活，你们爷俩就待着、看着？"结果就是，妈妈忙活，爸爸坐在一边玩手机，女儿充满羡慕地看着旁边玩得开心的其他小朋友。

的确，男人在陪伴孩子、教育孩子的时候比较粗心，常常会发生磕了碰了的小意外，但妈妈不能因此剥夺爸爸陪孩子玩耍的权利，这样只会让父子之间变得生疏。时间久了，父亲更是做起"甩手掌柜"，心安理得地把所有照顾孩子、教育孩子的重任交给妈妈。

让孩子和父亲多在一起玩耍，一方面，能够让父亲体会到"带娃"的乐趣和辛苦；另一方面，也是让孩子学习父亲的思维方式。这些都是母亲替代不了的。

孩子的生日，可以温馨，可以热闹，就是不能冷清

当我们还是个小孩子的时候，每年最盼望的时间有两个，一个是春节，一个是生日。盼望春节，是因为整个环境都喜气洋洋，父母会允许孩子熬夜守岁，有的地方还能够放烟花，十分开心。盼望生日，最期待的就是父母怎么给我过。在那一天，能够吃到生日蛋糕，能够收到爸爸妈妈送来的礼物，还能收到其他小朋友的祝福，非常满足。

现如今，随着生活水平的提高，小孩子想吃蛋糕随时都可以，

并不局限在生日那一天了，可孩子还是会对生日有所期待。为什么呢？因为那一天如何度过，在孩子的心里，会被具化为"爱的证明"。

小小的生日礼物，满满的爱意

在影视作品中，孩子过生日有两种特别典型的现象。

第一种，孩子的家庭条件不是特别好，但她很懂事，从来都不乱要礼物。很快就要到女孩的生日了，她知道父母的负担重，所以父母问她想要什么礼物的时候，她摇摇头说，没什么想要的。在生日当天，她放学回家后，发现母亲已经张罗了一桌子菜，平时总在外面赚钱的爸爸也早早地回了家，还送给她一份小礼物。女孩特别开心，打开盒子，发现是一套很漂亮的笔。爸爸说："闺女，我也不太懂，这是你王叔叔的女儿帮忙挑选的，说女孩子都喜欢这种笔，你要是不喜欢咱们再买别的。"女孩拼命点头说："当然喜欢了！爸爸送的，就是最好的！"此时，妈妈端着一碗面条走了出来，说："来，吃长寿面！"一家人围坐在一桌，即便没有生日蛋糕，这个生日也过得十分开心。

另一种，孩子家境优越，但父母因为工作繁忙，常年出差。女孩同样也是要过生日了，朋友问她要不要举办个生日派对，但女孩兴致缺缺。生日当天，爸爸妈妈突然打来视频电话，女孩特别开心，问："爸爸妈妈，你们什么时候回来？"妈妈说："还得等段时间，要等总部开完会。宝贝，今天是你的生日，生日快乐。礼物一会儿就送到，你看看喜不喜欢。"女孩撇了撇嘴，问："是衣服，还是包啊？真没新意，每年都这样。"最后，女孩一个人在家里，无聊地看着电视，在进入最后倒数十秒的时候，对自己说了句："生日快乐！你又长大了一岁。"

如果你是一个小孩，你是愿意度过一个有家人陪伴，即便收到的礼物并不昂贵，但能收获无尽的快乐和满足感的生日，还是更倾向于度过一个仅能收到奢华礼物，却只能独自一人百无聊赖地熬过的生日呢？

孩子的内心是非常纯净的。他们对礼物价格并没有清晰的认知，只会知道喜欢还是不喜欢。但他们的内心又是敏感的，父母是认真对待，还是敷衍了事，也都清清楚楚。一旦他们产生了"自己不被爱"的感受，就会十分迷茫，继而进入内耗。

爸爸妈妈为什么不给我过生日呢？他们是不是不爱我？我是不是做错了什么？如果这种消极情绪得不到疏解，很容易形成心理问题。因此，不要轻视孩子的生日，妈妈可以抱着孩子讲述怀孕时的期待，孩子出生时自己的心情，让孩子充分感受到：爸爸妈妈是爱我的。

孩子想要邀请朋友来家做客，参加生日聚会该怎么办？

尊重孩子的交友自由，是所有父母都要学习的必修课程。作为家庭成员之一，孩子拥有交友的自由，也拥有邀请朋友给自己庆祝生日的权利。然而，很多父母听到孩子想要邀请朋友来家里给自己庆祝生日都会表现得很抗拒。父母都会有哪些顾虑呢？

首先，孩子邀请同学和朋友，势必会增加家长的工作量。如果只是一家三口，买一个生日蛋糕，再做几道孩子爱吃的菜就是非常丰盛的一顿了。可如果再加上几个小朋友，就得买一个更大的蛋糕，还要多做几道菜。为了面子，父母还得收拾收拾屋子，有时候还要准备串灯、生日帽等小物件。

其次，邀请别人来家里做客，就要确保客人的安全。 小孩子一多，就会显得比较乱，你说一句我说一句，万一发生矛盾，家长很难处理。

最后，每个人的家庭条件都不一样，准备的生日宴的丰盛程度很难把握。 孩子不会考虑那么多，但家长不能不考虑。如果准备得太丰盛，会不会让别人觉得有压力；如果准备得不够丰盛，又怕怠慢了别人。

其实，家长的担忧不无道理，但如何让孩子理解自己的顾虑才是一门学问。可能有的父母说，直接告诉他家里不方便不就行了？当然不行。如果孩子年龄小，他们根本就理解不了不方便是什么意思，如果孩子年龄比较大，他们会认为父母在找借口。

正确的做法是：表明自己不是要反对孩子的想法，充分解释家长的担忧和顾虑。然后，重点来了，帮孩子找一个代替的方法：邀请同学们去他们都喜欢的餐厅包间，如果孩子愿意，父母也可以陪伴，考虑到如果有家长在孩子们不能尽兴，家长切完蛋糕后可以找借口离开。如果孩子已经上了高中，且有男孩参加，再加上一句"所有人都不许喝酒"。

如果已经是高中生了，父母反对孩子邀请同学来家里庆生，他们自己也能找个餐馆吃顿饭。但如果是父母主动提出这个方法，会让孩子感受到父母对自己的重视和理解，继而会发自肺腑地理解父母所说的顾虑。而不是父母觉得说了自己的担忧，就想当然地认为孩子一定能理解。要知道，很多矛盾原本不足以成为矛盾，就是因为双方沟通不够，才导致了矛盾的出现和加剧。

"唱红白脸"，已经跟不上教育的步伐

过去的千百年时间里，中国家庭总是采取"严父慈母"的教育方式。顾名思义，就是父亲相对比较严厉，母亲则会很慈爱，所以才会说"慈母多败儿"。现如今，教育方式似乎倒过来了，变成了"虎妈猫爸"，也就是妈妈扮演严厉的角色，爸爸更愿意顺从孩子的意愿。

不管是严父慈母，还是虎妈猫爸，都是一个原理——一个人负责扮演严厉的角色，另一个人负责扮演温柔的角色，俗称"唱红白脸"。这个教育戏码至今还在很多家庭上演着。

最好的教育方式不是扮演什么角色，而是有着共同的教育目的

在电视剧里，我们常常看到这样的剧情。孩子忘记带作业，

老师让家长给送了一下，但这样耽误了妈妈的工作，导致妈妈特别生气。回到家后，她很大声地批评孩子："我都说了多少次了，做完作业的第一件事，就是把第二天所有要用到的东西都放进书包里，你就是不听。我那边正在给领导做总结，就接到你们班主任的电话，领导给我这一顿数落！"

就在这时，爸爸回家了，看到妻子正在训斥孩子，就赶紧上前问："这又是怎么了？孩子又犯什么错误了，值得你这么生气啊？"妈妈就把前因后果讲给爸爸听，还强调明明已经说过很多次了，这丢三落四的毛病就是改不掉，不是今天忘记带作业，就是忘记带材料。

爸爸赶紧拦下妻子，说："你也消消火，多大点事儿啊，别着急，慢慢说。"然后转头冲着孩子使了个眼色，说，"你看你把你妈妈气的，还不赶紧跟妈妈说对不起。"孩子只好说了句："对不起，下次不会了。"

妈妈刚想要继续说点什么，爸爸又说："老婆你看，孩子已经认识到自己的错误了，你就别再训斥他了。事情已经发生了，教育一下就得了。你说那班主任也真是的，就这么点小事儿，犯得上给家长打电话吗？这不是耽误我老婆工作嘛……"

原本，妈妈想趁此机会教育孩子不要丢三落四，结果被爸爸这么一打岔，就糊弄过去了。

孩子犯错误是在所难免的事情，很多家庭都采取案例中这种模式，一个拼命教育，看上去非常严厉，另一个两头和稀泥，一边帮着孩子劝伴侣别真生气，一边帮着伴侣说孩子。

这种模式有好的一面，即管教的程度相对可控，不会发生因情绪失控而暴走的情况。但不好的一面是教育不够彻底，并且会让孩子觉得有"可乘之机"。这句话是什么意思呢？不管是严父慈母，还是虎妈猫爸，孩子总是不自觉地远离严厉的人，亲近慈爱的人，让教育本身大打折扣。

很多专家都指出，在家庭教育里，父母要遵循目标一致的原则。还是以孩子忘记带作业这件事情为例，教育的目的是什么？是让孩子改掉丢三落四的坏习惯，而不是吐槽班主任，更不是说伴侣如何如何。案例里的父亲成功地拉近了和孩子之间的距离，但根本目的没有达到，他既没有让孩子认识到错误，也没有让孩子改正丢三落四的坏习惯，那么，唱这场"红白脸"还有什么意义呢？

因此，在教育子女的问题上，方式方法不是固定的，最根本的还是要达到教育的目的。即让孩子认识到问题所在，找到解决办法，改正自己的错误。这才是教育的根本。而不是在谁需要扮演严厉的角色，谁要扮演和稀泥的角色上下功夫。

"唱红白脸"，很容易角色固化

小说《红楼梦》里贾政和王夫人的教育模式就是传统的"严父慈母"。贾政只看重贾宝玉的读书情况，是想让他在科举考试中高中，王夫人则是一味地溺爱贾宝玉，生怕这个宝贝儿子被带坏了。

贾宝玉每次看到贾政是什么样子呢？贾母是这么评价的，就像是老鼠见了猫，好好的孩子，胆子都被吓破了。惧怕父亲的这个形象，就连家里的仆人、门客也都门儿清，为了巴结贾宝玉，他们甚至会偷偷把贾政的行踪告诉贾宝玉，生怕这对爷儿俩碰面。而对于王夫人，宝玉最开始也是很亲近她的，愿意和母亲撒娇。但后来随着晴雯被撵走，王夫人开始严格管教他之后，他和王夫人之间的亲近感也逐渐消退了。

在前文中提到过，别看孩子小，也是懂得趋利避害的。谁对他的态度好，他就和谁亲近；谁对他比较严厉，他就会选择远离谁。如果父母只是采取固定的"唱红白脸"的教育模式，严厉管教的一方和孩子的关系就会变得越来越疏远，尊敬有余，亲密不足。相对慈爱的一方，自然会得到孩子的亲近和喜爱。然而，一旦慈爱的一方也变得严厉了，孩子就会想："你这么喜欢我、心疼我，现在也像那个人一样批评我，根本就不懂我。"在这种心境下，孩子的关注点全在父母的态度上，是非对错反而被模糊了，他还能努力反思自己，找到改正错误的方法吗？

因此，很多教育专家都曾经说过，**"唱红白脸"这种教育方式已经不能够满足现如今的家庭教育需求，在孩子的教育上，还需要父母根据家庭情况选择更适合自己的教育模式**。如果孩子接受新鲜事物较快、较多，父母完全可以把孩子当成可以平等对话的对象，而不是把他当成什么都不懂的小孩子。

缺席的爸爸，焦虑的妈妈，无法养出"健康"的孩子

曾几何时，"原生家庭"这个词汇被大众所熟知，很多成年人开始思考自己的原生家庭的问题，在网上和网友们讨论。然后，大家惊奇地发现，有问题的原生家庭大体是一样的：父亲是甩手掌柜，出现问题都是等着别人去解决；因为父亲不作为，母亲被迫当爸又当妈，心力交瘁，家里不能有一点风吹草动，否则母亲就会陷入极度的焦虑中。在这种环境中，孩子会变成什么样子呢？

父亲的缺位，让孩子失去"力量"

在孩子心里，父亲代表着什么呢？安全、力量。

很多爸爸和孩子玩的第一个游戏都是"举高高"，大部分孩子都会表现得很兴奋，哈哈大笑，少部分孩子会露出紧张的神色，但几次之后也能感受到其中的乐趣。这明明是一个相对危险的动作，

但因为做的人是熟悉的父亲，孩子就会有安全感。

一般来说，家里的体力活儿往往会分配给父亲，比如，购买米面粮油、换桶装水，孩子有时候还会凑上去，想要帮爸爸的忙。父亲逗孩子说："来，宝贝，你要是拎得动，我就给你买糖果。"小孩子摩拳擦掌，结果当然是提不动。这时候，父亲臭屁地模仿健美选手，让孩子摸摸几乎不成形的肱二头肌，然后对孩子说："看，爸爸厉害吧！"小孩子就会觉得，哇哦，我爸爸真厉害！真有力量！

这些原本都应该是家庭中温暖有爱的互动，但前提是父亲要主动承担自己的责任，而不是做甩手掌柜。**如果父亲缺席或者不作为，这个家的天平就会失去那一块代表安全感、力量感的砝码。**

在公园里，有很多父母会带着孩子出来踏青，让孩子看看花鸟鱼虫，感受春天的生机。突然，两个小孩子的争吵声引起了大家的注意。原来是两个小家伙儿都想滑滑梯，都认为自己是先来的。穿白色外套的男孩大声说："我先来的，你得排在我后面。"穿黑色外套的男孩很认真地强调："真的是我先到的，我站在那边的角落里，可能你没看到我，但真的是我先到的。"

这时候，两边的家长也赶到身边，穿白色外套的男孩是父母陪同，而穿黑色外套的男孩只有妈妈和外婆陪同。白外套男孩的爸爸赶紧说："小涛，你怎么这样呢，人家看着比你小，你得让着弟弟。"小涛说："凭什么，先来后到。再说了，孔融还知道让梨呢，他就算年纪小，也应该发扬孔融让梨的谦让精神。"

听到小涛的话后，黑外套男孩的外婆就问自己的外孙："赞赞，你确定是你先到的吗？"男孩点点头，外婆就故意讽刺道："没事，咱们让让对面的小孩子，毕竟咱们懂事，知道发扬精神。"赞赞的妈妈赶紧拉了一下自己的母亲，对儿子说："赞赞，你记不记得在家里妈妈教过你什么？这么点小事儿，咱们让一让怎么了。"

小涛的父亲看到对面是两个女性带孩子，就赶紧推了自己儿子一下，说："小涛，别胡闹，早点玩和晚点玩有什么区别。"然后转头对着赞赞说："小朋友，你先去玩吧，我们排在你后面。"

然而，赞赞看了看滑梯，又看了看男人，摇摇头说："不了，谢谢叔叔，我不玩了。"然后拉着妈妈和外婆离开了。往回走的路上，赞赞妈妈还在说："赞赞，在外面玩的时候别争抢，要谦让，你爸爸不在，要是真发生点争执，吃亏的还是咱们……"

赞赞为什么会离开呢？是因为滑梯不好玩了吗？当然不是。通过妈妈的叮嘱不难发现，平时陪伴孩子玩耍的人几乎只有妈妈和外婆两位女性，肯定也发生过类似的争吵，并且已经吃过亏了。所以母亲会特别担心，尤其是在对方有男士在的情况下，会更紧张，生怕自己保护不了孩子。赞赞在一开始的时候，是想通过讲道理让对方认识到自己的错误，但发现小涛的爸爸在，自己爸爸没在，内心的安全感便荡然无存，再加上妈妈在旁边一直强调，自己不能惹事，于是乎，玩耍的乐趣也没有了。

母亲的焦虑，让孩子失去自我认同

父亲的缺位，第一个影响到的人就是母亲，她是直接受害者。打个比方，如果把家庭看作一桶水，夫妻二人应该是共同提水桶，可以是一起提，也可以是丈夫先提，他累了之后，妻子接过来，妻子累了，丈夫再换回来。但如果父亲缺位了，提水的永远都是母亲一个人，这种辛苦和压力可想而知。

于是，妈妈似乎"病"了，她经常焦虑不安，担心自己照顾不好小孩，所以对孩子的日常起居严格把控，生怕稍不留神就出现意外；她开始情绪失控，孩子哭闹不止，她刚开始还能强压怒火，板着脸哄孩子，不久后可能就会毫无征兆地发脾气；她会把生活里所有的不如意都归结到孩子身上，抱怨"你是个讨债鬼，我生你干什么""我当初就不应该生下你"……在这种环境中成长的孩子有一个共同的特点：自我认同的能力非常低。**在心理学领域，自我认同是指自己能够理智地接受自己的好和坏，也能接受外界的一切**。自我认同高的人往往心态特别积极，愿意接受挑战，即便是失败了也能做到理智复盘，找到问题所在，也会有从头再来的勇气，不会放任自己沉浸在失败的负面情绪里。反过来，自我认同低的人不能客观地看待自己，往往只能看到自己的缺点，看不到自身的优点，会陷入自我质疑的泥潭里；遇到问题不能客观看待，而是将所有错误都揽在身上，觉得都是自己的错，都是自己不够好。

想要避免孩子成为高敏感低自尊、自我认同低的人，就必须从根

源解决问题，让家庭成员回到应该在的位置，承担起自己应该承担的责任。比如，一家三口坐在一起，商量出一条"家规"：每个月必须全家一起外出游玩一次，缺席者必须在三天之内做出补偿，自己做饭、请客吃饭都可以，并且要接受孩子抽签决定的惩罚措施，惩罚措施不限于学狗叫、画鬼脸等。这样一来，即便父亲说自己工作忙，三天之内也必须抽出时间陪家人吃饭，在短时间内弥补孩子的失望，再附加上能哄孩子开心的惩罚条件，那么，失约的伤害就被降到了最低。

除此之外，还有很多种改变方式，但再多的方式都不如夫妻合力来得重要。如果其中一方就是"摆烂"，再好的方法都会失去效果，因此，在这个问题上，夫妻双方需要先达成一致，再谈方式、方法。

可以隔代亲，但不能隔代教育

照顾、教育孩子是一项长期的大工程，主力军自然是孩子的父亲和母亲。但是，父母还有工作，还需要去赚钱养家，不能满足孩子全天候的照顾需求，尤其是在孩子去幼儿园之前，家里必须得有人看着孩子，避免发生意外。于是乎，孩子的爷爷奶奶、外公外婆就成了替补，代替自己的子女照顾孙辈，称为"隔代抚养"。

隔代抚养，能够有效缓解家庭内部的"用人荒"，但隐患也非常多。比如，最常见的婆媳矛盾、子女教育谁是主导者，等等。如何解决这些问题呢？既然是一家人，就要有一家人的解决方法。

对待老人，别硬碰硬，要用魔法打败魔法

在某个网站的婆媳版块里，经常能看到儿媳妇在网上吐槽自己的婆婆，矛盾爆发点基本是在小孩刚刚出生后。

第一个分歧点：是不是请月嫂。儿媳妇会倾向于请月嫂，因为月嫂经验丰富，拿钱办事，雇主有什么需求可以直接说。老人却认为，钱要花在刀刃上，她能照顾儿媳妇坐月子，为什么还要花钱雇人呢？这不是不相信自己吗？有这些钱买吃的补身体不好吗？

第二个分歧点：照顾孩子的方法太"传统"了，尤其是不太注意科学育儿，总是说："我不懂那些老理儿科学不科学，我儿子也长这么大了，也很不错，你是在嫌弃我们吗？"

第三个分歧点：到底谁才是孩子的负责人。老人总认为，自己是孩子的奶奶，平日天天照顾他，怎么有点事情还要征求儿媳妇的同意？儿媳妇认为，我上班的时候照顾不了孩子，奶奶帮忙照顾，但孩子该吃什么不该吃什么，该学什么不该学什么当然是我们夫妻俩说了算，我们才是父母啊……

最热门的网友回复让人叫绝。以上的问题她都遇到了，但都

被她一一化解了。最开始，婆婆也反对请月嫂，丈夫说钱都交了退不了，就算不用月嫂，钱也回不来。就这样，月嫂来家里照顾孩子，可是婆婆总是挑三拣四，还动不动摆出雇主的架子，让月嫂给她做饭。网友先是安抚月嫂，让她别和老人一般见识，该干什么活儿就干什么活儿。转过头她又告诉婆婆，现在交的钱不是全款，最后月嫂回去后会根据家务的多少来重新计算价格，做一顿饭多少钱，挨一句骂要罚雇主多少钱，月嫂来家里不是当老妈子，人家是育儿师，只负责照顾孩子和产妇。如果额外要求月嫂做其他工作，人家不会拒绝，但后续会收费。一听要多花钱，婆婆立马不再多说话，也不再给月嫂找茬儿了。

出了产假之后，网友得去上班了，因为舍不得小孩，就在家里安装了摄像头，结果看到自家孩子在地上爬来爬去的，婆婆根本就没有铺儿童专用的爬行垫，而且婆婆的卫生习惯不是特别好，切水果之前也不知道洗手。网友又得想办法。那天晚上她特意在网上找了很多医生的视频，尤其是穿着白大褂的医生在普及育儿知识的视频，投放在电视上。老人对养生类节目都特别感兴趣，也坐过来一起看，发现是在讲怎么照顾孩子的，网友赶紧说："妈，咱俩一起看，看看人家医生建议该怎么照顾孩子。"在很多老人心里，医生的话比儿子儿媳妇的话可管用多了，婆婆也就慢慢改变了不讲卫生的习惯。

最后一个问题是怎么解决的呢？让婆婆抱着孩子去派出所上户口，最好上到爷爷奶奶的户口本里。这当然办不到。工作人员会询问孩子父母的户口所在地，会和老人解释孩子的户口只能挂在父母的户口名下，不能挂在爷爷奶奶的户口名下。等老人回来后，网友就去旁敲侧击，让婆婆知道，祖孙再亲近，也亲不过父母。然后又用丈夫和公婆、爷爷奶奶之间举例子，让婆婆也感同身受，最后认可了网友的观点。

在很多家庭里，让老人来带孩子是不得已而为之的事情，那么，对待能够搭把手的老人就不能不顾及他们的感受。与其不停地争吵，造成家庭不和，不如找到老人的"软肋"，用他们最感兴趣的方式一点点渗透。要明白，**全家人的目标是把孩子养大、养好，让他茁壮成长，而不是非要辩论出谁对谁错，发生矛盾了谁是主责谁是次责，等等，那样的话，到最后，受到影响的还是孩子。**

即便是隔辈照顾，父母教育也不能缺失

老人来照顾孙辈，在生活上帮助子女承担了陪伴孩子、洗衣做饭等责任。有的小夫妻就觉得，反正有人带孩子了，我上班这么辛苦，下了班就好好休息一下吧。但是，**父母这个角色是任何人都不可能替代的。即便有爷爷奶奶、外公外婆守着孩子，在孩子心里最渴望亲近的人仍然是父母。**

并且，不要小看孩子的智慧，他们十分善于"讨巧"。我们经常能看到这样的场景：孩子犯错了，父母把孩子叫到面前，很严肃地批评他、教育他，希望他能认识到错误。很多小孩子会直接跑到老人身后，用可怜兮兮的声音说："爷爷奶奶，我知道错了，您让

爸爸别骂我了。"老人一听，就会说："行了，他已经知道错了，你怎么还上纲上线的呢？"

又或者是孩子想要买一个玩具，父母觉得这个月已经买过了，不能惯着孩子，就拒绝了。没过几天，父母回家的时候竟然看见孩子正兴致勃勃地玩新玩具。小夫妻一问才知道，原来这个小鬼头今天故意带着爷爷奶奶去了商场，撒娇卖萌地说想要这个玩具。老人一看，孩子喜欢就买吧，父母不让，没关系，我是他爹还做不了主？

老一辈人疼爱隔辈的孩子的心情可以理解，可如果让孩子形成这种错误的认知，觉得"这个家里有人替我撑腰"，就会更努力地在老人面前撒娇耍赖，以达到自己的目的。

新闻中有很多所谓的"熊孩子"就是这样一点点被惯出来的。因此，为了避免这类问题，即便有老人照顾孩子的日常起居，父母也不能对孩子的教育问题不闻不问，要做到"该管的事情绝对不能放手"！毕竟，在教育孩子这件事上，父母才是第一责任人，要当好这个"责任人"，就不能缺位，更不能假手他人，那不是对孩子的未来负责任的做法。